LES
AUTEURS GRECS

EXPLIQUÉS D'APRÈS UNE MÉTHODE NOUVELLE

PAR DEUX TRADUCTIONS FRANÇAISES

L'UNE LITTÉRALE ET JUXTALINÉAIRE PRÉSENTANT LE MOT A MOT FRANÇAIS
EN REGARD DES MOTS GRECS CORRESPONDANTS
L'AUTRE CORRECTE ET PRÉCÉDÉE DU TEXTE GREC

avec des arguments et des notes

PAR UNE SOCIÉTÉ DE PROFESSEURS

ET D'HELLÉNISTES

HOMÈRE

LE VIe CHANT DE L'ILIADE

EXPLIQUÉ LITTÉRALEMENT
TRADUIT EN FRANÇAIS ET ANNOTÉ
PAR C. LEPRÉVOST

PARIS
LIBRAIRIE HACHETTE ET Cie
79, BOULEVARD SAINT-GERMAIN, 79

LES
AUTEURS GRECS

EXPLIQUÉS D'APRÈS UNE MÉTHODE NOUVELLE

PAR DEUX TRADUCTIONS FRANÇAISES

Ce chant de l'*Iliade* a été expliqué littéralement, traduit en français et annoté par M. C. Leprévost, ancien professeur au Lycée Condorcet.

18990. — Imprimerie A. Lahure, 9, rue de Fleurus, à Paris.

LES
AUTEURS GRECS

EXPLIQUÉS D'APRÈS UNE MÉTHODE NOUVELLE

PAR DEUX TRADUCTIONS FRANÇAISES

L'UNE LITTÉRALE ET JUXTALINÉAIRE PRÉSENTANT LE MOT A MOT FRANÇAIS
EN REGARD DES MOTS GRECS CORRESPONDANTS
L'AUTRE CORRECTE ET PRÉCÉDÉE DU TEXTE GREC

avec des arguments et des notes

PAR UNE SOCIÉTÉ DE PROFESSEURS
ET D'HELLÉNISTES

HOMÈRE

SIXIÈME CHANT DE L'ILIADE

PARIS
LIBRAIRIE HACHETTE ET Cⁱᵉ
79, BOULEVARD SAINT-GERMAIN, 79
—
1889

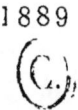

AVIS

RELATIF A LA TRADUCTION JUXTALINÉAIRE

On a réuni par des traits les mots français qui traduisent un seul mot grec.

On a imprimé en *italique* les mots qu'il était nécessaire d'ajouter pour rendre intelligible la traduction littérale, et qui n'ont pas leur équivalent dans le grec.

Enfin, les mots placés entre parenthèses, dans le français, doivent être considérés comme une seconde explication, plus intelligible que la version littérale.

ARGUMENT ANALYTIQUE

DU SIXIÈME CHANT DE L'ILIADE.

Les dieux se sont retirés du champ de bataille, et les Grecs ont l'avantage. — Leurs exploits. — Hector et Énée arrêtent la fuite des Troyens. — Hélénus conseille à Hector d'aller à Troie, prier Hécube d'offrir un voile à Minerve et de lui promettre un sacrifice de douze génisses, si elle veut écarter Diomède des murs d'Ilion. — Rencontre du fils de Tydée et de Glaucus. Ils vont se mesurer; mais ils se reconnaissent pour des hôtes paternels, et ils échangent leurs armes. — Hector exécute dans Troie les conseils d'Hélénus; puis, il va chez Pâris, qu'il trouve avec Hélène. — Reproches qu'il lui adresse. — Entrevue d'Hector et d'Andromaque, à qui le héros fait de touchants adieux. — Cependant Pâris s'est couvert de ses armes, et a rejoint Hector; tous deux sortent par la porte de Scées, et s'élancent dans la plaine.

ΟΜΗΡΟΥ
ΙΛΙΑΔΟΣ
ΡΑΨΩΔΙΑ Ζ.

ΕΚΤΟΡΟΣ ΚΑΙ ΑΝΔΡΟΜΑΧΗΣ ΟΜΙΛΙΑ.

Τρώων δ' οἰώθη ¹ καὶ Ἀχαιῶν φύλοπις αἰνή.
Πολλὰ δ' ἄρ' ἔνθα καὶ ἔνθ' ἴθυσε μάχη πεδίοιο ²,
ἀλλήλων ἰθυνομένων χαλκήρεα δοῦρα,
μεσσηγὺς Σιμόεντος ἰδὲ Ξάνθοιο ³ ῥοάων.
Αἴας δὲ πρῶτος Τελαμώνιος, ἕρκος Ἀχαιῶν, 5
Τρώων ῥῆξε φάλαγγα, φόως δ' ἑτάροισιν ἔθηκεν,
ἄνδρα βαλὼν ὃς ἄριστος ἐνὶ Θρήκεσσι τέτυκτο,
υἱὸν Ἐϋσσώρου, Ἀκάμαντ' ἠΰν τε μέγαν τε.
Τόν ῥ' ἔβαλε πρῶτος κόρυθος φάλον ἱπποδασείης,
ἐν δὲ μετώπῳ πῆξε, πέρησε δ' ἄρ' ὀστέον εἴσω 10
αἰχμὴ χαλκείη· τὸν δὲ σκότος ὄσσε κάλυψεν.

Les Troyens et les Grecs sont restés seuls sur l'horrible champ de bataille; l'ardeur du carnage les entraîne çà et là dans la plaine, et ils dirigent les uns contre les autres leurs lances armées d'airain, depuis les rives du Xanthe jusqu'à celles du Simoïs.

Ajax, fils de Télamon, ce rempart des Grecs, rompit le premier la phalange des Troyens, et ranima le courage de ses compagnons en renversant un Thrace valeureux, le fils d'Eüssorus, Acamas, guerrier vaillant et de haute stature. Acamas fut frappé au sommet de son casque, qu'ombrageait une épaisse crinière; la pointe d'airain pénétra dans le front, s'enfonça jusqu'au crâne; et ses yeux se voilèrent de ténèbres.

L'ILIADE
D'HOMÈRE.
CHANT VI.

ENTREVUE D'HECTOR ET D'ANDROMAQUE.

Φύλοπις δὲ αἰνὴ	Ensuite le combat terrible
Τρώων καὶ Ἀχαιῶν	des Troyens et des Grecs
οἰώθη.	fut laissé-seul.
Ἄρα δὲ μάχη	Mais certes la bataille
ἴθυσε πολλὰ	se précipita beaucoup
ἔνθα καὶ ἔνθα πεδίοιο,	çà et là dans la plaine,
ἰθυνομένων	*eux* dirigeant
ἀλλήλων	les-uns-contre-les-autres
δοῦρα χαλκήρεα,	les lances garnies-d'airain,
μεσσηγὺς ῥοάων	entre les courants
Σιμόεντος ἰδὲ Ξάνθοιο.	du Simoïs et du Xanthe.
Αἴας δὲ Τελαμώνιος,	Or Ajax, fils-de-Télamon,
ἕρκος Ἀχαιῶν, πρῶτος,	rempart des Grecs, le premier
ῥῆξε φάλαγγα Τρώων,	rompit une phalange de Troyens,
ἔθηκε δὲ φόως	et apporta une lueur-d'espérance
ἑτάροισι,	à *ses* compagnons
βαλὼν ἄνδρα,	en frappant un guerrier,
ὃς τέτυκτο ἄριστος	qui était le-plus-brave
ἐνὶ Θρήκεσσιν,	parmi les Thraces,
υἱὸν Ἐϋσσώρου, Ἀκάμαντα,	le fils d'Eüssorus, Acamas,
ἠΰν τε μέγαν τε.	et courageux et de-grande-taille.
Πρῶτός ῥα ἔβαλε τὸν	Le premier donc il frappa celui-ci
φάλον κόρυθος ἱπποδασείης,	au cimier du casque aux-crins-épais
πῆξε δὲ ἐν μετώπῳ,	et il enfonça *sa lance* dans le front,
ἄρα δὲ αἰχμὴ χαλκείη	or la pointe d'-airain
πέρησεν εἴσω ὀστέον·	traversa dans l'*intérieur de* l'os ;
σκότος δὲ κάλυψε τὸν ὄσσε.	et l'obscurité couvrit lui aux yeux

ΙΛΙΑΔΟΣ Ζ.

Ἄξυλον δ' ἄρ' ἔπεφνε βοὴν ἀγαθὸς Διομήδης
Τευθρανίδην, ὃς ἔναιεν εὐκτιμένῃ ἐν Ἀρίσβῃ,
ἀφνειὸς βιότοιο, φίλος δ' ἦν ἀνθρώποισι·
πάντας γὰρ φιλέεσκεν, ὁδῷ ἔπι οἰκία ναίων.   15
Ἀλλά οἱ οὔτις τῶνγε τότ' ἤρκεσε λυγρὸν ὄλεθρον,
πρόσθεν ὑπαντιάσας· ἀλλ' ἄμφω θυμὸν ἀπηύρα,
αὐτὸν, καὶ θεράποντα Καλήσιον, ὅς ῥα τόθ' ἵππων
ἔσκεν ὑφηνίοχος· τὼ δ' ἄμφω γαῖαν ἐδύτην.

Δρῆσον δ' Εὐρύαλος καὶ Ὀφέλτιον ἐξενάριξε·   20
βῆ δὲ μετ' Αἴσηπον καὶ Πήδασον, οὕς ποτε Νύμφη
νηῒς Ἀβαρβαρέη τέκ' ἀμύμονι Βουκολίωνι.
Βουκολίων δ' ἦν υἱὸς ἀγαυοῦ Λαομέδοντος,
πρεσβύτατος γενεῇ, σκότιον δέ ἑ γείνατο μήτηρ·
ποιμαίνων δ' ἐπ' ὄεσσι μίγη φιλότητι καὶ εὐνῇ·   25
ἡ δ' ὑποκυσσαμένη διδυμάονε γείνατο παῖδε.
Καὶ μὲν τῶν ὑπέλυσε μένος καὶ φαίδιμα γυῖα
Μηχιστηϊάδης, καὶ ἀπ' ὤμων τεύχε' ἐσύλα.

Ἀστύαλον δ' ἄρ' ἔπεφνε μενεπτόλεμος Πολυποίτης·
Πιδύτην δ' Ὀδυσεὺς Περκώσιον ἐξενάριξεν   30

Le valeureux Diomède immola à sa fureur Axyle, fils de Teuthras, qui habitait la florissante Arisbe au sein de l'opulence, et était chéri des hommes; car il accueillait tous les étrangers dans sa demeure, située près d'une route fréquentée. Mais alors aucun de ses hôtes ne vint, en se jetant au devant du coup, le dérober à un funeste trépas. Diomède immola deux victimes, ce guerrier et son serviteur Calésius, qui alors conduisait son char; et tous deux descendirent aux sombres demeures.

Euryale, de son côté, après avoir immolé Drésus et Opheltius, marcha contre Æsèpe et Pédase, qu'une nymphe des eaux, Abarbarée, avait enfantés à l'irréprochable Bucolion. Bucolion, l'aîné des fils de l'illustre Laomédon, à qui sa mère avait secrètement donné le jour, gardait des troupeaux de brebis, lorsqu'il s'unit d'amour à cette nymphe, qui conçut et mit au monde ces deux jumeaux. Le fils de Mécistée éteignit la force vitale qui animait leurs corps charmants, et dépouilla leurs épaules de leurs armes.

Le belliqueux Polypétès arrache ensuite la vie à Astyale; Ulysse, de sa lance d'airain renverse Pidyte de Percose; Teucer tue le divin

Ἄρα δὲ Διομήδης	Et donc Diomède,
ἀγαθὸς βοὴν	bon pour le combat,
ἔπεφνεν Ἄξυλον, Τευθρανίδην,	tua Axyle, fils-de-Teuthras,
ὃς ἔναιεν ἐν Ἀρίσβῃ εὐκτιμένῃ	qui habitait dans Arisbe bien-bâtie,
ἀφνειὸς βιότοιο,	riche en biens,
ἦν δὲ φίλος ἀνθρώποισι·	et était cher aux hommes;
φιλέεσκε γὰρ πάντας,	car il accueillait-amicalement tous,
ναίων οἰκία ἐπὶ ὁδῷ.	habitant des demeures sur la route.
Ἀλλὰ οὔτις τῶνγε τότε	Mais aucun de ceux-ci alors
ἤρκεσέν οἱ ὄλεθρον λυγρόν,	ne détourna de lui un trépas triste,
ὑπαντιάσας πρόσθεν·	étant accouru-au-secours en avant;
ἀλλὰ ἀπηύρα θυμὸν ἄμφω,	mais il priva de la vie tous-deux,
αὐτὸν καὶ Καλήσιον	lui-même et Calésius
θεράποντα,	*son* serviteur,
ὅς ῥα τότε ἔσκεν	qui certes alors était
ὑφηνίοχος ἵππων·	conducteur de *ses* chevaux;
τὼ δὲ ἄμφω ἐδύτην γαῖαν.	et eux deux allèrent-sous terre.
Εὔρυαλος δὲ ἐξενάριξε	De son côté Euryale immola
Δρῆσον καὶ Ὀφέλτιον·	Drésus et Opheltius;
βῆ δὲ μετὰ Αἴσηπον	puis il alla à la poursuite d'Æsèpe
καὶ Πήδασον, οὕς ποτε	et de Pédase, lesquels autrefois
Ἀβαρβαρέη Νύμφη νηῒς	Abarbarée, nymphe naïade,
τέκε Βουκολίωνι ἀμύμονι.	enfanta à Bucolion sans-reproche.
Βουκολίων δὲ ἦν υἱὸς	Or Bucolion était fils
Λαομέδοντος ἀγαυοῦ,	de Laomédon illustre,
πρεσβύτατος γενεῇ,	le plus vieux par la naissance,
μήτηρ δὲ γείνατο ἑ σκότιον·	et *sa* mère enfanta lui clandestin.
ποιμαίνων δὲ μίγη	Or, étant berger, il s'unit *à la naïade*
φιλότητι καὶ εὐνῇ	par l'amour et par la couche
ἐπὶ ὄεσσιν·	auprès des brebis;
ἡ δὲ ὑποκυσσαμένη	et celle-ci étant devenue-enceinte,
γείνατο παῖδε διδυμάονε.	enfanta deux-fils jumeaux.
Καὶ μὲν Μηκιστηϊάδης	Et à la vérité le fils-de-Mécistée
ὑπέλυσε μένος τῶν	délia la force de ceux-ci
καὶ γυῖα φαίδιμα,	et leurs membres brillants,
καὶ ἐσύλα τεύχεα ἀπὸ ὤμων.	et enleva *leurs* armes de *leurs* épaules.
Ἄρα δὲ Πολυποίτης μενεπτόλεμος	Puis certes Polypétès belliqueux
ἔπεφνεν Ἀστύαλον,	tua Astyale,
Ὀδυσεὺς δὲ ἐξενάριξε	et Ulysse immola
Πιδύτην Περκώσιον	Pidyte le Percosien

ἔγχεϊ χαλκείῳ· Τεῦκρος δ' Ἀρετάονα δῖον.
Ἀντίλοχος δ' Ἄβληρον ἐνήρατο δουρὶ φαεινῷ
Νεστορίδης· Ἔλατον δὲ ἄναξ ἀνδρῶν Ἀγαμέμνων·
ναῖε δέ, Σατνιόεντος ἐϋρρείταο παρ' ὄχθας,
Πήδασον αἰπεινήν. Φύλακον δ' ἕλε Λήϊτος ἥρως   35
φεύγοντ'· Εὐρύπυλος δὲ Μελάνθιον ἐξενάριξεν.

Ἄδρηστον δ' ἄρ' ἔπειτα βοὴν ἀγαθὸς Μενέλαος
ζωὸν ἕλ'· ἵππω γάρ οἱ ἀτυζομένω πεδίοιο,
ὄζῳ ἔνι βλαφθέντε μυρικίνῳ, ἀγκύλον ἅρμα
ἄξαντ' ἐν πρώτῳ ῥυμῷ, αὐτὼ μὲν ἐβήτην   40
πρὸς πόλιν, ᾗπερ οἱ ἄλλοι ἀτυζόμενοι φοβέοντο·
αὐτὸς δ' ἐκ δίφροιο παρὰ τροχὸν ἐξεκυλίσθη
πρηνὴς ἐν κονίῃσιν ἐπὶ στόμα· πὰρ δέ οἱ ἔστη
Ἀτρείδης Μενέλαος, ἔχων δολιχόσκιον ἔγχος.
Ἄδρηστος δ' ἄρ' ἔπειτα λαβὼν ἐλλίσσετο γούνων   45
« Ζώγρει, Ἀτρέος υἱέ, σὺ δ' ἄξια δέξαι ἄποινα.
Πολλὰ δ' ἐν ἀφνειοῦ πατρὸς κειμήλια κεῖται,
χαλκός τε χρυσός τε, πολύκμητός τε σίδηρος·

Arétaon; Ablérus succombe sous la javeline brillante d'Antiloque, fils de Nestor; Agamemnon, roi des hommes, frappe Elatus, qui habitait la haute Pédase, sur les rives du beau Satnioïs; le héros Léitus atteint d'un coup mortel Phylacus qui fuyait; et Eurypyle immole Mélanthius.

Adraste tombe vivant au pouvoir du vaillant Ménélas : au milieu de la plaine, ses chevaux épouvantés s'embarrassent dans une branche de tamaris, brisent le char à l'extrémité du timon, et retournent vers la ville où fuyaient d'autres coursiers effrayés. Lui-même roule du char près de la roue, et tombe le front dans la poussière. Debout devant lui, Ménélas, fils d'Atrée, tenait à la main sa longue javeline Aussitôt Adraste, saisissant ses genoux, le supplie en ces termes :

« Epargne ma vie, fils d'Atrée, et compte sur une rançon digne de toi! Chez mon père opulent sont amoncelés de précieux trésors : de l'airain, de l'or, du fer habilement travaillé. Certes, il te les prodiguera

ἔγχεϊ χαλκείῳ· de sa lance d'-airain ;
Τεῦκρος δὲ Ἀρετάονα δῖον. et Teucer immola Arétaon le divin.
 Ἀντίλοχος δὲ Νεστορίδης Ensuite Antiloque, fils-de-Nestor,
ἐνήρατο δουρὶ φαεινῷ tua de sa lance brillante
Ἄβληρον· Ἀγαμέμνων δὲ Ablérus ; et Agamemnon,
ἄναξ ἀνδρῶν Ἔλατον. roi des hommes, tua Élatus.
Ναῖε δὲ, παρὰ ὄχθας Or il habitait, auprès des bords
Σατνιόεντος ἐϋρρείταο, du Satnioïs au-beau-courant,
Πήδασον αἰπεινήν. Pédase escarpée
Ἥρως δὲ Λήϊτος Et le héros Léïtus
ἕλε Φύλακον φεύγοντα, prit Phylacus fuyant,
Εὐρύπυλος δὲ ἐξενάριξε et Eurypyle tua
Μελάνθιον. Mélanthius.
 Ἄρα δὲ ἔπειτα Μενέλαος Or donc ensuite Ménélas,
ἀγαθὸς βοὴν brave au combat,
ἕλεν Ἄδρηστον ζωόν· prit Adraste vivant ;
ἵππω γάρ οἱ car les deux chevaux à lui
ἀτυζομένω πεδίοιο, fuyant-effrayés à travers la plaine,
βλαφθέντε ayant été embarrassés
ἐνὶ ὄζῳ μυρικίνῳ, dans une branche de tamaris,
ἄξαντε ἅρμα ἀγκύλον ayant brisé le char courbé
ἐν πρώτῳ ῥυμῷ, à l'extrémité-du timon,
αὐτὼ μὲν ἐβήτην à la vérité eux-mêmes se dirigèrent
πρὸς πόλιν ᾗπερ οἱ ἄλλοι vers la ville par où les autres
ἀτυζόμενοι φοβέοντο· s'enfuyant étaient effrayés ;
αὐτὸς δὲ ἐξεκυλίσθη mais lui-même fut roulé
ἐκ δίφροιο παρὰ τροχὸν de son char près de la roue,
πρηνὴς ἐν κονίῃσιν penché-en-avant dans la poussière
ἐπὶ στόμα· sur la bouche ;
παρὰ δέ οἱ ἔστη et près de lui se tint-debout
Μενέλαος Ἀτρείδης, Ménélas, fils-d'Atrée,
ἔχων ἔγχος δολιχόσκιον. ayant une javeline à-grande-ombre.
Ἔπειτα δὲ ἄρα Ἄδρηστος Mais ensuite donc Adraste,
λαβὼν γούνων ἐλλίσσετο· l'ayant pris par les genoux, suppliait :
 « Υἱὲ Ἀτρέος, ζώγρει, « Fils d'Atrée, prends-moi-vivant,
σὺ δὲ δέξαι ἄποινα ἄξια· et toi aie reçu des rançons dignes.
Πολλὰ δὲ κειμήλια Or beaucoup de choses-précieuses
κεῖται ἐν πατρὸς ἀφνειοῦ, sont gisantes chez mon père riche,
χαλκός τε, χρυσός τε, et de l'airain et de l'or,
σίδηρός τε πολύκμητος· et du fer beaucoup-travaillé ;

τῶν κέν τοι χαρίσαιτο πατὴρ ἀπερείσι' ἄποινα,
εἴ κεν ἐμὲ ζωὸν πεπύθοιτ' ἐπὶ νηυσὶν Ἀχαιῶν. » 50

Ὣς φάτο· τῷ δ' ἄρα θυμὸν ἐνὶ στήθεσσιν ὄρινε·
καὶ δή μιν τάχ' ἔμελλε θοὰς ἐπὶ νῆας Ἀχαιῶν
δώσειν ᾧ θεράποντι καταξέμεν· ἀλλ' Ἀγαμέμνων
ἀντίος ἦλθε θέων¹, καὶ ὁμοκλήσας ἔπος ηὔδα·

« Ὦ πέπον, ὦ Μενέλαε, τίη δὲ σὺ κήδεαι αὕτως 55
ἀνδρῶν; ἦ τοι ἄριστα πεποίηται κατὰ οἶκον
πρὸς Τρώων· τῶν μήτις ὑπεκφύγοι αἰπὺν ὄλεθρον,
χεῖράς θ' ἡμετέρας· μηδ' ὅντινα γαστέρι μήτηρ
κοῦρον ἐόντα φέροι, μηδ' ὃς φύγοι· ἀλλ' ἅμα πάντες
Ἰλίου ἐξαπολοίατ' ἀκήδεστοι καὶ ἄφαντοι. » 60

Ὣς εἰπὼν, ἔτρεψεν ἀδελφειοῦ φρένας ἥρως,
αἴσιμα παρειπών. Ὁ δ' ἀπὸ ἕθεν ὤσατο χειρὶ
ἥρω' Ἄδρηστον· τὸν δὲ κρείων Ἀγαμέμνων
οὖτα κατὰ λαπάρην· ὁ δ' ἀνετράπετ'· Ἀτρείδης δὲ
λὰξ ἐν στήθεσι βὰς, ἐξέσπασε μείλινον ἔγχος². 65

comme le riche prix de ma liberté, s'il apprend que je respire sur les vaisseaux des Grecs ! »

Ces mots ont amolli le cœur de Ménélas ; et il allait confier Adraste à un serviteur pour le conduire vers les rapides vaisseaux des Grecs. Mais Agamemnon accourt, l'arrête, et d'une voix menaçante :

« Homme faible ! ô Ménélas ! s'écrie-t-il ; quel est donc cet intérêt que t'inspirent ces hommes? Certes, tu t'es vu au sein de ta famille honorablement traité par les Troyens! Qu'aucun d'eux n'échappe à une ruine entière, et ne se dérobe à nos coups ! que l'enfant même, que sa mère porte encore dans son sein, ne soit pas épargné ! Que tous les habitants d'Ilion périssent confondus, sans sépulture, sans laisser d'eux nul souvenir ! »

Il dit, et par ces justes reproches, il change le cœur de son frère qui, de la main, repousse Adraste, tandis que le puissant Agamemnon frappe le guerrier dans le flanc, le renverse, et, lui pressant du pied la poitrine, arrache de la blessure sa lance de frêne.

ILIADE, VI.

τῶν πατήρ κεν χαρίσαιτό τοι	desquels *mon* père prodiguerait à toi
ἄποινα ἀπειρέσια,	des rançons immenses,
εἴ κε πεπύθοιτο ἐμὲ ζωὸν	s'il apprenait moi vivant
ἐπὶ νηυσὶν Ἀχαιῶν. »	sur les vaisseaux des Achéens. »
Φάτο ὥς· ἄρα δὲ ὄρινε	Il parla ainsi ; et certes il émouvait
θυμὸν τῷ ἐνὶ στήθεσσι·	le cœur à lui dans *sa* poitrine ;
καὶ δὴ τάχα ἔμελλε	et donc bientôt il allait
δώσειν ᾧ θεράποντι	donner *lui* à son serviteur
καταξέμεν μιν	pour-emmener lui
ἐπὶ νῆας θοὰς Ἀχαιῶν·	vers les vaisseaux légers des Achéens ;
ἀλλὰ Ἀγαμέμνων	mais Agamemnon
ἦλθεν ἀντίος θέων,	vint au devant en courant,
καὶ ὁμοκλήσας ηὔδα ἔπος·	et ayant crié il dit *cette* parole :
« Ὦ Μενέλαε,	« O Ménélas,
ὦ πέπον, τίη δὲ	ô lâche, pourquoi donc
σὺ κήδεαι αὔτως ἀνδρῶν ;	toi prends-tu-soin ainsi des hommes?
ἦ ἄριστα	Certes de très-bonnes-choses
πεποίηταί τοι	ont été faites à toi
κατὰ οἶκον	dans *ta* maison
πρὸς Τρώων.	de la part des Troyens.
Μήτις τῶν ὑπεκφύγοι	Qu'aucun d'eux n'évite
ὄλεθρον αἰπὺν,	une ruine terrible,
ἡμετέρας τε χεῖρας·	et nos mains ;
μηδὲ ὅντινα ἐόντα κοῦρον	pas même celui que étant enfant
μήτηρ φέροι γαστέρι,	sa mère porterait dans *son* sein,
μηδὲ ὃς φύγοι·	que pas même celui-là n'échappe !
ἀλλὰ πάντες ἅμα	Mais que tous ensemble
ἐξαπολοίατο Ἰλίου	ils périssent-entièrement hors d'Ilion,
ἀκήδεστοι καὶ ἄφαντοι. »	sans-sépulture et sans-laisser-de-trace. »
Εἰπὼν ὥς, ἥρως	Ayant parlé ainsi, le héros
ἔτρεψε φρένας ἀδελφειοῦ,	changea le cœur de *son* frère,
παρειπὼν αἴσιμα·	conseillant des choses-convenables ;
ὁ δὲ ὤσατο ἀπὸ ἕθεν	et celui-ci poussa loin de lui
χειρὶ ἥρωα Ἄδρηστον·	de *sa* main le héros Adraste ;
κρείων δὲ Ἀγαμέμνων	ensuite le puissant Agamemnon
οὖτα τὸν κατὰ λαπάρην·	blessa lui au flanc.
ὁ δὲ ἀνετράπετο·	Or celui-ci fut-renversé ;
Ἀτρείδης δὲ βὰς	et le fils-d'Atrée ayant marché
λὰξ ἐν στήθεσιν,	avec-le-talon sur *sa* poitrine,
ἐξέσπασεν ἔγχος μείλινον	retira *sa* lance de-frêne.

Νέστωρ δ' Ἀργείοισιν ἐκέκλετο, μακρὸν ἀΰσας
« Ὦ φίλοι, ἥρωες Δαναοί, θεράποντες Ἄρηος,
μήτις νῦν, ἐνάρων ἐπιβαλλόμενος, μετόπισθε
μιμνέτω, ὥς κεν πλεῖστα φέρων ἐπὶ νῆας ἵκηται·
ἀλλ' ἄνδρας κτείνωμεν· ἔπειτα δὲ καὶ τὰ ἕκηλοι   70
νεκροὺς ἂμ πεδίον συλήσετε τεθνηῶτας. »
   Ὣς εἰπών, ὤτρυνε μένος καὶ θυμὸν ἑκάστου.
Ἔνθα κεν αὖτε Τρῶες Ἀρηϊφίλων ὑπ' Ἀχαιῶν
Ἴλιον εἰσανέβησαν, ἀναλκείῃσι δαμέντες,
εἰ μὴ ἄρ' Αἰνείᾳ τε καὶ Ἕκτορι εἶπε παραστὰς   75
Πριαμίδης Ἕλενος, οἰωνοπόλων ὄχ' ἄριστος·
« Αἰνεία τε καὶ Ἕκτορ (ἐπεὶ πόνος ὔμμι μάλιστα
Τρώων καὶ Λυκίων ἐγκέκλιται, οὕνεχ' ἄριστοι
πᾶσαν ἐπ' ἰθύν ἐστε μάχεσθαί τε φρονέειν τε),
στῆτ' αὐτοῦ, καὶ λαὸν ἐρυκάκετε πρὸ πυλάων,   80
πάντῃ ἐποιχόμενοι, πρὶν αὖτ' ἐν χερσὶ γυναικῶν
φεύγοντας πεσέειν, δηΐοισι δὲ χάρμα γενέσθαι.
Αὐτὰρ ἐπεί κε φάλαγγας ἐποτρύνητον ἁπάσας,
ἡμεῖς μὲν Δαναοῖσι μαχησόμεθ', αὖθι μένοντες,

Cependant Nestor, encourageant les Grecs, criait d'une voix forte :
  « Amis ! héros descendants de Danaüs ! braves ministres de Mars ! qu'aucun de vous ne s'arrête au butin, et ne reste en arrière pour rapporter davantage aux vaisseaux. Tuons des hommes ! ensuite vous dépouillerez à loisir leurs cadavres gisant dans la plaine. »
  Par ce discours il redouble l'ardeur et le courage de chaque guerrier; et alors les Troyens, cédant à la peur devant les Grecs belliqueux, auraient cherché un refuge jusque dans Ilion, si un fils de Priam, Hélénus, sans contredit le plus habile des augures, se présentant à Énée et à Hector, ne leur eût parlé en ces mots :
  « Énée ! Hector ! puisque parmi les Troyens et les Lyciens, c'est principalement sur vous que retombent les fatigues de cette guerre; car, quoi qu'il faille entreprendre, vous l'emportez sur eux et par la valeur et par le conseil : restez ici; et après avoir parcouru le champ de bataille, arrêtez nos soldats devant ces portes, de peur qu'ils n'aillent tomber en fuyant jusque dans les bras de leurs femmes, et ne deviennent la risée de nos ennemis. Ensuite quand vous aurez encouragé nos phalanges, nous resterons ici et combattrons les Grecs, malgré

Νέστωρ δὲ ἐκέκλετο	D'un autre côté Nestor exhortait
Ἀργείοισιν, αὔσας μακρόν·	les Argiens, ayant crié haut :
« Ὦ φίλοι, ἥρωες Δαναοί,	« O amis, héros fils-de-Danaüs,
θεράποντες Ἄρηος,	serviteurs de Mars,
μήτις νῦν,	que personne maintenant,
ἐπιβαλλόμενος ἐνάρων,	se jetant-sur les dépouilles,
μιμνέτω μετόπισθεν,	ne reste en arrière,
ὥς κεν ἵκηται ἐπὶ νῆας	afin qu'il vienne vers les vaisseaux
φέρων πλεῖστα·	apportant le plus-de-choses ;
ἀλλὰ κτείνωμεν ἄνδρας·	mais tuons des guerriers ;
ἔπειτα δὲ ἕκηλοι	et ensuite tranquilles
συλήσετε καὶ τὰ	vous dépouillerez aussi de ces-choses
νεκροὺς τεθνηῶτας ἀνὰ πεδίον. »	les cadavres tués à travers la plaine. »
Εἰπὼν ὥς, ὤτρυνε	Ayant parlé ainsi, il excitait
μένος καὶ θυμὸν ἑκάστου.	l'ardeur et le courage de chacun.
Ἔνθα αὖτε Τρῶες	Alors à leur tour les Troyens
εἰσανέβησάν κεν Ἴλιον	seraient montés dans Ilion
ὑπὸ Ἀχαιῶν Ἀρηϊφίλων,	sous les Grecs chers-à-Mars,
δαμέντες ἀναλκείῃσιν,	ayant été domptés par leur lâcheté,
εἰ ἄρα Ἕλενος Πριαμίδης,	si donc Hélénus, fils-de-Priam,
ὄχα ἄριστος οἰωνοπόλων,	de beaucoup le meilleur des augures,
παραστὰς Αἰνείᾳ τε	se tenant et auprès d'Énée
καὶ Ἕκτορι μὴ εἶπεν·	et auprès d'Hector, n'eût dit :
« Αἰνεία τε καὶ Ἕκτορ	« Et Énée et Hector
(ἐπεὶ πόνος Τρώων	(puisque le travail des Troyens
καὶ Λυκίων ἐγκέκλιται	et des Lyciens est incliné
ὔμμι μάλιστα, οὕνεκα	sur vous surtout, parce que
ἐστὲ ἄριστοι	vous êtes les meilleurs
ἐπὶ πᾶσαν ἰθύν	dans toute entreprise
μάχεσθαί τε φρονέειν τε),	et pour combattre et pour délibérer),
στῆτε αὐτοῦ, καὶ ἐρυκάκετε	tenez-vous ici, et contenez
λαὸν πρὸ πυλάων,	le peuple devant les portes,
ἐποιχόμενοι πάντῃ,	courant de tous côtés,
πρὶν φυγόντας αὖτε	avant eux ayant fui de nouveau
πεσέειν ἐν χερσὶ γυναικῶν,	être tombés dans les mains des femmes,
γενέσθαι δὲ χάρμα δηΐοισιν.	et être devenus joie pour les ennemis.
Αὐτὰρ ἐπεί κεν ἐποτρύνητον	Ensuite après que vous aurez excité
ἁπάσας φάλαγγας,	toutes les phalanges,
ἡμεῖς μὲν μαχησόμεθα	nous certes nous combattrons
Δαναοῖσι, μένοντες αὖθι,	contre les Grecs, restant ici,

ΙΛΙΑΔΟΣ Ζ.

καὶ μάλα τειρόμενοί περ· ἀναγκαίη γὰρ ἐπείγει· 85
Ἕκτορ, ἀτὰρ σὺ πόλινδε μετέρχεο, εἰπὲ δ' ἔπειτα
μητέρι σῇ καὶ ἐμῇ· ἡ δὲ ξυνάγουσα γεραιὰς
νηὸν Ἀθηναίης γλαυκώπιδος ἐν πόλει ἄκρῃ,
οἴξασα κληῖδι θύρας ἱεροῖο δόμοιο,
πέπλον, ὅς οἱ δοκέει χαριέστατος ἠδὲ μέγιστος 90
εἶναι ἐνὶ μεγάρῳ, καί οἱ πολὺ φίλτατος αὐτῇ,
θεῖναι Ἀθηναίης ἐπὶ γούνασιν ἠϋκόμοιο·
καί οἱ ὑποσχέσθαι δυοκαίδεκα βοῦς ἐνὶ νηῷ,
ἤνις, ἠκέστας, ἱερευσέμεν, αἴ κ' ἐλεήσῃ
ἄστυ τε καὶ Τρώων ἀλόχους καὶ νήπια τέκνα, 95
αἴ κεν Τυδέος υἱὸν ἀπόσχῃ Ἰλίου ἱρῆς,
ἄγριον αἰχμητήν, κρατερὸν μήστωρα φόβοιο·
ἐν δὴ ἐγὼ κάρτιστον Ἀχαιῶν φημὶ γενέσθαι.
Οὐδ' Ἀχιλῆά ποθ' ὧδέ γ' ἐδείδιμεν, ὄρχαμον ἀνδρῶν,
ὅνπερ φασὶ θεᾶς ἐξ ἔμμεναι. Ἀλλ' ὅδε λίην 100
μαίνεται, οὐδέ τίς οἱ δύναται μένος ἰσοφαρίζειν. »

Ὣς ἔφαθ'· Ἕκτωρ δ' οὔ τι κασιγνήτῳ ἀπίθησεν.
Αὐτίκα δ' ἐξ ὀχέων σὺν τεύχεσιν ἆλτο χαμᾶζε·

nos fatigues; car la nécessité nous en fait une loi. Toi cependant, Hector, cours à la ville; dis à ta mère, à la mienne, qu'elle rassemble les Troyennes respectables par leur âge dans le temple de Minerve dans la citadelle; et qu'après avoir ouvert les portes du sanctuaire, elle prenne le plus beau, le plus grand des voiles qu'elle a dans son palais, celui qu'elle chérit le plus; qu'elle le dépose sur les genoux de la déesse à la brillante chevelure; et qu'elle lui promette de sacrifier dans ce temple douze jeunes génisses qui n'aient point encore porté le joug, si sa pitié veut protéger la ville des Troyens, leurs femmes, et leurs jeunes enfants; si enfin elle veut éloigner des murs sacrés d'Ilion le fils de Tydée, ce farouche guerrier, ce violent artisan de nos défaites, que j'estime le plus redoutable des Grecs. Non, Achille lui-même, qu'on dit fils d'une déesse, ne nous a jamais causé autant d'effroi. D'ailleurs, la colère l'aveugle aujourd'hui, et personne ne peut l'égaler en force. »

Il dit : Hector, obéissant à son frère, s'élance aussitôt du haut de son char à terre, tout couvert de ses armes; et brandissant ses jave-

καίπερ τειρόμενοι μάλα·	quoique accablés beaucoup;
ἀνάγκη γὰρ ἐπείγει·	car la nécessité presse.
αὐτὰρ σύ, Ἕκτορ,	Mais toi, Hector,
μετέρχεο πόλινδε,	va à la ville,
ἔπειτα δὲ εἰπὲ	et ensuite dis
μητέρ. σῇ καὶ ἐμῇ·	à la mère tienne et mienne; [trones
ἡ δὲ ξυνάγουσα γεραιὰς	et *que* celle-ci rassemblant les ma-
νηὸν Ἀθηναίης γλαυκώπιδος	au temple de Minerve aux-yeux-bleus
ἐν πόλει ἄκρῃ,	dans la ville haute,
οἴξασα κληῖδι	ayant ouvert avec la clef
θύρας δόμοιο ἱεροῖο,	les portes de la demeure sacrée,
θεῖναι ἐπὶ γούνασιν	songe à placer sur les genoux
Ἀθηναίης ἠϋκόμοιο	de Minerve à-la-belle-chevelure
πέπλον ὅς δοκεῖ οἱ	le voile qui paraît à elle
εἶναι ἐν μεγάρῳ	être dans le palais
χαριέστατος ἠδὲ μέγιστος	le plus élégant et le plus grand
καὶ πολὺ φίλτατός οἱ αὐτῇ·	et de beaucoup le plus cher à elle-
καὶ ὑποσχέσθαι οἱ	et à promettre à elle [même,
ἱερευσέμεν ἐν νηῷ	devoir sacrifier dans le temple
δυοκαίδεκα βοῦς ἤνις,	douze génisses d'une-année,
ἠκέστας,	n'ayant-pas-encore-senti-l'aiguillon,
αἴ κεν ἐλεήσῃ	si elle aura pris-en-pitié
ἄστυ τε καὶ ἀλόχους	et la ville et les épouses
καὶ νήπια τέκνα Τρώων,	et les jeunes enfants des Troyens;
αἴ κεν ἀπόσχῃ Ἰλίου ἱρῆς	si elle aura détourné d'Ilion sacrée
υἱὸν Τυδέος, αἰχμητὴν ἄγριον,	le fils de Tydée, guerrier farouche,
μήστωρα κρατερὸν φόβοιο·	auteur violent de crainte;
ὃν δὴ ἐγώ φημὶ	lequel certes moi je dis
γενέσθαι κάρτιστον Ἀχαιῶν.	être le plus vaillant des Grecs.
Οὐδέ ποτέ γε	Et jamais du moins
ἐδείδιμεν ὧδε	nous n'avons craint ainsi
Ἀχιλῆα, ὄρχαμον ἀνδρῶν,	Achille, chef des guerriers,
ὅνπερ φασὶν ἔμμεναι ἐκ θεᾶς.	qu'ils disent être d'une déesse.
Ἀλλὰ ὅδε μαίνεται	Mais celui-là est-en-fureur
λίην, οὐδέ τις δύναται	excessivement, et personne ne peut
ἰσοφαρίζειν οἱ μένος. »	être-égal à lui *quant* au courage. »
Ἔφατο ὥς· Ἕκτωρ δὲ	Il parla ainsi, et Hector
οὐκ ἀπίθησέ τι κασιγνήτῳ.	ne désobéit en rien à *son* frère;
Αὐτίκα δὲ ἆλτο χαμᾶζε	mais aussitôt il sauta à terre
ἐξ ὀχέων σὺν τεύχεσι·	de *son* char avec *ses* armes;

πάλλων δ' ὀξέα δοῦρα, κατὰ στρατὸν ᾤχετο πάντῃ,
ὀτρύνων μαχέσασθαι, ἔγειρε δὲ φύλοπιν αἰνήν.   105
Οἱ δ' ἐλελίχθησαν, καὶ ἐναντίοι ἔσταν Ἀχαιῶν.
Ἀργεῖοι δ' ὑπεχώρησαν, λῆξαν δὲ φόνοιο·
φὰν δέ τιν' ἀθανάτων ἐξ οὐρανοῦ ἀστερόεντος
Τρωσὶν ἀλεξήσοντα κατελθέμεν· ὣς ἐλέλιχθεν·
Ἕκτωρ δὲ Τρώεσσιν ἐκέκλετο, μακρὸν ἀΰσας·   110
« Τρῶες ὑπέρθυμοι, τηλέκλητοί τ' ἐπίκουροι,
ἀνέρες ἐστὲ, φίλοι, μνήσασθε δὲ θούριδος ἀλκῆς,
ὄφρ' ἂν ἐγὼ βείω προτὶ Ἴλιον, ἠδὲ γέρουσιν
εἴπω βουλευτῇσι καὶ ἡμετέρῃς ἀλόχοισι,
δαίμοσιν ἀρήσασθαι, ὑποσχέσθαι δ' ἑκατόμβας. »   115
Ὣς ἄρα φωνήσας, ἀπέβη κορυθαίολος Ἕκτωρ·
ἀμφὶ δέ μιν σφυρὰ τύπτε καὶ αὐχένα δέρμα κελαινὸν,
ἄντυξ¹, ἣ πυμάτη θέεν ἀσπίδος ὀμφαλοέσσης².
Γλαῦκος δ', Ἱππολόχοιο πάϊς, καὶ Τυδέος υἱὸς
ἐς μέσον ἀμφοτέρων συνίτην μεμαῶτε μάχεσθαι.   120
Οἱ δ' ὅτε δὴ σχεδὸν ἦσαν ἐπ' ἀλλήλοισιν ἰόντες,
τὸν πρότερος προσέειπε βοὴν ἀγαθὸς Διομήδης·

lots acérés, il court à travers l'armée pour exciter les courages ; et sa voix réveille l'horrible combat. Les Troyens se retournent et font face à l'ennemi. Les Grecs reculent et cessent le massacre, persuadés qu'un des immortels, descendu de la voûte étoilée, est venu au secours des Troyens, tant ceux-ci se sont retournés avec audace. Alors Hector, animant ses soldats, s'écrie d'une voix forte :

« Braves Troyens, et vous, alliés venus de plages lointaines, soyez hommes de cœur, et souvenez-vous de votre impétueuse valeur, tandis que j'irai à Ilion ordonner à nos sages vieillards et à nos épouses d'invoquer les dieux et de leur vouer des hécatombes. »

Ayant ainsi parlé, Hector, au casque brillant, s'éloigna ; et la peau noire, bordure étendue à l'extrémité du bouclier arrondi qui le couvrait, frappait à la fois ses pieds et son cou. Cependant le fils d'Hippoloque, Glaucus, et le fils de Tydée, s'avancèrent au milieu des deux armées, brûlant de combattre ; et lorsqu'ils furent près de se joindre, le vaillant Diomède, prenant le premier la parole :

πάλλων δὲ δοῦρα ὀξέα,	et brandissant des javelots aigus,
ᾤχετο πάντη κατὰ στρατὸν,	il allait partout à travers l'armée,
ὀτρύνων μαχέσασθαι,	exhortant à combattre,
ἔγειρε δὲ φύλοπιν αἰνήν.	et il excita un combat terrible.
Οἱ δὲ ἐλελίχθησαν,	Or ceux-ci se retournèrent,
καὶ ἔσταν	et se tinrent-debout
ἐναντίοι Ἀχαιῶν.	opposés aux Achéens.
Ἀργεῖοι δὲ ὑπεχώρησαν,	De leur côté les Argiens reculèrent,
λῆξαν δὲ φόνοιο·	et cessèrent le carnage ;
φὰν δέ τινα ἀθανάτων	or ils pensaient un des immortels
κατελθέμεν ἐξ οὐρανοῦ ἀστερόεντος	être descendu du ciel étoilé
ἀλεξήσοντα Τρωσίν·	devant porter-secours aux Troyens ;
ὣς ἐλέλιχθεν.	si-fort ils se retournèrent !
Ἕκτωρ δὲ ἐκέκλετο Τρώεσσιν,	Mais Hector excitait les Troyens,
αὔσας μακρόν·	ayant crié à-haute-voix :
« Τρῶες ὑπέρθυμοι,	« Troyens valeureux,
ἐπίκουροί τε τηλέκλητοι,	et alliés appelés-de-loin,
φίλοι, ἐστὲ ἀνέρες,	amis, soyez hommes-de-cœur,
μνήσασθε δὲ	et souvenez-vous
ἀλκῆς θούριδος,	de la valeur impétueuse,
ὄφρα ἐγὼ ἂν βείω	pendant que moi j'irai
προτὶ Ἴλιον, ἠδὲ εἴπω	vers Ilion, et que je dirai
γέρουσι βουλευτῇσι	aux vieillards conseillers
καὶ ἡμετέρῃς ἀλόχοισιν,	et à nos épouses,
ἀρήσασθαι δαίμοσιν,	d'avoir imploré les dieux,
ὑποσχέσθαι δὲ ἑκατόμβας. »	et d'avoir promis des hécatombes. »
Ἄρα φωνήσας ὣς,	Donc, ayant parlé ainsi,
Ἕκτωρ κορυθαίολος ἀπέβη·	Hector au-casque-s'agitant s'en alla ;
δέρμα δὲ κελαινὸν, ἄντυξ,	et la peau noire, circonférence
ἣ θέε πυμάτη	laquelle courait extrême (au bord)
ἀσπίδος ὀμφαλοέσσης, τύπτε μιν	du bouclier arrondi, frappait lui
ἀμφὶ σφυρὰ καὶ αὐχένα.	autour des chevilles et du cou.
Γλαῦκος δὲ, πάϊς Ἱππολόχοιο,	Puis Glaucus, enfant d'Hippoloque,
καὶ υἱὸς Τυδέος, συνίτην	et le fils de Tydée allaient-tous-deux
ἐς μέσον ἀμφοτέρων,	au milieu des deux-partis,
μεμαῶτε μάχεσθαι.	désirant-ardemment combattre.
Ὅτε δὲ δὴ οἱ ἦσαν σχεδὸν	Or donc lorsque ceux-ci furent près,
ἰόντες ἐπ' ἀλλήλοισι,	marchant l'un contre l'autre,
Διομήδης ἀγαθὸς βοὴν	Diomède, brave au combat,
προσέειπε πρότερος τόν·	s'adressa le premier à celui-là :

« Τίς δὲ σὺ ἐσσι, φέριστε, καταθνητῶν ἀνθρώπων;
οὐ μὲν γάρ ποτ' ὄπωπα μάχῃ ἔνι κυδιανείρῃ
τὸπρίν· ἀτὰρ μὲν νῦν γε πολὺ προβέβηκας ἁπάντων   125
σῷ θάρσει, ὅτ' ἐμὸν δολιχόσκιον ἔγχος ἔμεινας.
Δυστήνων δέ τε παῖδες ἐμῷ μένει ἀντιόωσιν.
Εἰ δέ τις ἀθανάτων γε κατ' οὐρανοῦ εἰλήλουθας,
οὐκ ἂν ἔγωγε θεοῖσιν ἐπουρανίοισι μαχοίμην.
Οὐδὲ γὰρ οὐδὲ Δρύαντος υἱός, κρατερὸς Λυκόοργος[1],   130
δὴν ἦν, ὅς ῥα θεοῖσιν ἐπουρανίοισιν ἔριζεν·
ὅς ποτε μαινομένοιο Διωνύσοιο τιθήνας
σεῦε κατ' ἠγάθεον Νυσήϊον[2]· αἱ δ' ἅμα πᾶσαι
θύσθλα χαμαὶ κατέχευαν, ὑπ' ἀνδροφόνοιο Λυκούργου
θεινόμεναι βουπλῆγι· Διώνυσος δὲ φοβηθεὶς   135
δύσεθ' ἁλὸς κατὰ κῦμα· Θέτις δ' ὑπεδέξατο κόλπῳ
δειδιότα· κρατερὸς γὰρ ἔχε τρόμος ἀνδρὸς ὁμοκλῇ.
Τῷ μὲν ἔπειτ' ὀδύσαντο θεοὶ ῥεῖα ζώοντες,
καί μιν τυφλὸν ἔθηκε Κρόνου παῖς· οὐδ' ἄρ' ἔτι δὴν
ἦν, ἐπεὶ ἀθανάτοισιν ἀπήχθετο πᾶσι θεοῖσιν.   140
Οὐδ' ἂν ἐγὼ μακάρεσσι θεοῖς ἐθέλοιμι μάχεσθαι.

« Courageux guerrier, quel es-tu parmi les mortels? Jamais auparavant je ne t'ai aperçu dans un glorieux combat; mais en ce moment, du moins, tu l'emportes en audace sur tous les tiens, puisque tu affrontes ma longue javeline; car malheureux sont les pères dont les fils bravent ma valeur! Si toutefois tu es un immortel descendu de l'Olympe, je ne prétends pas combattre contre les dieux. Elle fut courte la vie du fils de Dryas, de cet indomptable Lycurgue, qui s'éleva contre les habitants du ciel, et poursuivit autrefois sur le mont sacré de Nysa les nourrices de Bacchus furieux. Toutes jetèrent à terre leurs thyrses, frappées à coups de fouet par l'homicide Lycurgue; et Bacchus lui-même, saisi de terreur, pénétra sous les flots de la mer, où Thétis le reçut tremblant entre ses bras; tant lui avait inspiré de crainte cet homme, sur qui les dieux, au sein de leurs doux loisirs, jetèrent dans la suite un regard de colère, et que le fils de Saturne priva de la vue. Non, elle ne fut pas longue sa vie, après qu'il se fut attiré la haine de tous les immortels. Rien donc ne pourrait m'engager à combattre contre les heureux habitants de l'Olympe. Mais si

ILIADE, VI.

« Τίς δὲ ἀνθρώπων καταθνητῶν	« Et qui des hommes mortels
σύ ἐσσι, φέριστε ;	toi es-tu, très-excellent ?
οὔποτε μὲν γὰρ	car jamais à la vérité
ἔπωπα τοπρὶν ἐνὶ μάχῃ	je ne t'ai vu auparavant dans le combat
κυδιανείρῃ ·	qui-illustre-les-guerriers ;
ἀτὰρ μὲν νῦν γε	mais à la vérité maintenant au moins
προβέβηκας πολὺ ἁπάντων	tu as surpassé de beaucoup tous
σῷ θάρσει, ὅτι ἔμεινας	par ton audace, puisque tu as attendu
ἐμὸν ἔγχος δολιχόσκιον.	ma lance à-la-grande-ombre.
Παῖδες δέ τε δυστήνων	Or aussi des fils de malheureux
ἀντιόωσιν ἐμῷ μένει.	viennent-au-devant de ma fureur.
Εἰ γε δέ τις ἀθανάτων	Mais si *étant* un des immortels
εἰλήλουθας κατὰ οὐρανοῦ,	tu es venu du ciel,
ἔγωγε οὐκ ἂν μαχοίμην	moi certes je ne combattrais pas
θεοῖσιν ἐπουρανίοισιν.	contre des dieux célestes.
Υἱὸς γὰρ Δρύαντος,	Car le fils de Dryas,
κρατερὸς Λυκόοργος,	le vaillant Lycurgue,
οὐδὲ ἦν δὴν, ὅς ῥα	n'exista pas longtemps, lui-qui donc
ἔριξε θεοῖσιν ἐπουρανίοισιν ·	luttait avec des dieux célestes,
ὅς ποτε σεῦε τιθήνας	lui-qui jadis poursuivait les nourrices
Διωνύσοιο μαινομένοιο	de Bacchus furieux
κατὰ Νυσήϊον ἠγάθεον ·	sur le *mont* Nysa sacré ;
αἱ δὲ πᾶσαι ἅμα	mais celles-ci toutes ensemble
κατέχευαν χαμαὶ θύσθλα,	jetèrent à terre *leurs* thyrses,
θεινόμεναι βουπλῆγι	étant frappées du fouet
ὑπὸ Λυκούργου ἀνδροφόνοιο ·	par Lycurgue meurtrier ;
Διώνυσος δὲ φοβηθεὶς	de son côté Bacchus effrayé
δύσετο κατὰ κῦμα ἁλός ·	descendit dans les flots de la mer ;
Θέτις δὲ ὑπεδέξατο κόλπῳ	et Thétis reçut dans *son* sein
δειδιότα ·	*lui* ayant eu-peur ;
τρόμος γὰρ κρατερὸς ἔχεν	car un tremblement violent *le* prit
ὁμοκλῇ ἀνδρός.	par la menace du guerrier.
Θεοὶ μὲν ζώοντες ῥέα	Certes les dieux vivant facilement
ὀδύσαντο ἔπειτα τῷ,	furent irrités ensuite contre celui-ci
καὶ παῖς Κρόνου ἔθηκέ μιν τυφλόν ·	et le fils de Saturne rendit lui aveugle
ἄρα οὐδὲ ἦν ἔτι δὴν,	et donc il n'exista plus longtemps,
ἐπεὶ ἀπήχθετο	parce qu'il était haï
πᾶσι θεοῖσιν ἀθανάτοισιν.	de tous les dieux immortels.
Ἐγὼ δὲ οὐκ ἂν ἐθέλοιμι	Or moi je ne voudrais pas
μάχεσθαι θεοῖς μακάρεσσιν.	combattre les dieux bienheureux

Εἰ δέ τίς ἐσσι βροτῶν, οἳ ἀρούρης καρπὸν ἔδουσιν,
ἆσσον ἴθ᾽, ὥς κεν θᾶσσον ὀλέθρου πείραθ᾽ ἵκηαι. »
 Τὸν δ᾽ αὖθ᾽ Ἱππολόχοιο προσηύδα φαίδιμος υἱός·
« Τυδείδη μεγάθυμε, τίη γενεὴν ἐρεείνεις;   145
οἵη περ φύλλων γενεὴ, τοιήδε καὶ ἀνδρῶν.
Φύλλα τὰ μέν τ᾽ ἄνεμος χαμάδις χέει, ἄλλα δέ θ᾽ ὕλη
τηλεθόωσα φύει· ἔαρος δ᾽ ἐπιγίγνεται ὥρη·
ὣς ἀνδρῶν γενεὴ ἡ μὲν φύει, ἡ δ᾽ ἀπολήγει.
Εἰ δ᾽ ἐθέλεις καὶ ταῦτα δαήμεναι· ὄφρ᾽ εὖ εἰδῇς   150
ἡμετέρην γενεὴν, πολλοὶ δέ μιν ἄνδρες ἴσασιν·
ἔστι πόλις Ἐφύρη, μυχῷ Ἄργεος ἱπποβότοιο,
ἔνθα δὲ Σίσυφος ἔσκεν, ὁ κέρδιστος γένετ᾽ ἀνδρῶν,
Σίσυφος Αἰολίδης· ὁ δ᾽ ἄρα Γλαῦκον τέκεθ᾽ υἱόν·
αὐτὰρ Γλαῦκος ἔτικτεν ἀμύμονα Βελλεροφόντην·   155
τῷ δὲ θεοὶ κάλλος τε καὶ ἠνορέην ἐρατεινὴν
ὤπασαν. Αὐτάρ οἱ Προῖτος κάκ᾽ ἐμήσατο θυμῷ·
ὅς ῥ᾽ ἐκ δήμου ἔλασσεν, ἐπεὶ πολὺ φέρτερος ἦεν
Ἀργείων· Ζεὺς γάρ οἱ ὑπὸ σκήπτρῳ ἐδάμασσε.

tu es un des êtres mortels que nourrissent les fruits de la terre, approche, afin que tu touches plus tôt aux limites du trépas. »
 L'illustre fils d'Hyppoloque répondit : « Magnanime fils de Tydée, pourquoi m'interroger sur mon origine? La naissance des hommes est comme celle des feuilles : jouet des vents, les feuilles tombent sur la terre; mais la forêt, quand elle gonfle ses bourgeons, en produit d'autres au retour du printemps. Ainsi en est-il des générations des mortels, qui naissent et meurent. Si pourtant tu désires des détails qui t'instruisent de ma naissance assez connue : il existe à l'extrémité de l'Argolide, féconde en coursiers, une ville nommée Ephyre; là vivait le plus adroit des hommes, Sisyphe, fils d'Éole. Sisyphe eut pour fils Glaucus, qui donna le jour à l'irréprochable Bellérophon. Celui-ci reçut des dieux la beauté et l'aimable valeur. Mais Prétus, au fond du cœur, trama sa perte, et le bannit, grâce à la souveraine puissance qu'il exerçait sur les Argiens; car Jupiter avait soumis ce peuple au sceptre de ce prince. L'épouse de Pré-

Εἰ δέ ἐσσί τις βροτῶν,	Mais si tu es quelqu'un des mortels,
οἳ ἔδουσι καρπὸν ἀρούρης,	qui mangent le fruit de la terre,
ἴθι ἆσσον, ὥς κε θᾶσσον	viens plus près, afin que plus vite
ἵκηαι πείρατα ὀλέθρου. »	tu sois parvenu aux bornes de la mort. »
Αὖτε δὲ υἱὸς φαίδιμος	Or à son tour le fils brillant
Ἱππολόχοιο προσηύδα τόν·	d'Hippoloque s'adressa à lui :
« Μεγάθυμε Τυδείδη,	« Magnanime fils-de-Tydée,
τίη ἐρεείνεις γενεήν ;	pourquoi demandes-tu *mon* origine ?
οἵη περ γενεὴ φύλλων,	telle certes l'origine des feuilles,
τοιήδε καὶ ἀνδρῶν.	telle aussi *celle* des hommes.
Ἄνεμος μέν τε χέει χαμάδις	D'un côté et le vent répand à terre
τὰ φύλλα, ὕλη δέ τε	les feuilles, de l'autre aussi la forêt
τηλεθόωσα φύει ἄλλα·	végétant *en* produit d'autres;
ὥρη δὲ ἔαρος	et la saison du printemps
ἐπιγίγνεται·	vient-de-nouveau;
ὣς γενεὴ ἀνδρῶν	ainsi une génération d'hommes
ἡμὲν φύει, ἠδὲ ἀπολήγει.	et naît et cesse.
Εἰ δὲ θέλεις καὶ	Mais si tu veux aussi
δαήμεναι ταῦτα·	savoir ces-choses :
ὄφρα εἰδῇς εὖ	afin que tu saches bien
ἡμετέρην γενεήν,	notre origine,
πολλοὶ δὲ ἄνδρες ἴσασί μιν·	or beaucoup d'hommes savent elle ;
ἔστι πόλις Ἐφύρη,	il est une ville, Ephyre,
μυχῷ Ἄργεος ἱπποβότοιο,	au fond d'Argos fertile-en-chevaux,
ἔνθα δὲ ἔσκε Σίσυφος,	or là était Sisyphe,
ὃ γένετο κέρδιστος ἀνδρῶν,	lequel était le-plus-rusé des hommes,
Σίσυφος Αἰολίδης·	Sisyphe, fils-d'Éole.
ὃ δὲ ἄρα τέκετο	Or lui donc engendra
Γλαῦκον υἱόν·	Glaucus *pour* fils;
ἀτὰρ Γλαῦκος ἔτικτε	puis Glaucus engendra
Βελλεροφόντην ἀμύμονα·	Bellérophon irréprochable ;
θεοὶ δὲ ὤπασαν τῷ	et les dieux donnèrent à celui-ci
κάλλος τε καὶ ἠνορέην ἐρατεινήν.	et la beauté et une vaillance aimable.
Αὐτὰρ Προῖτος ἐμήσατό οἱ	Ensuite Prétus médita contre lui
κακὰ θυμῷ·	des choses-mauvaises dans *son* cœur ;
ῥα ἔλασσεν ἐκ δήμου,	lequel donc *le* chassa de *son* peuple,
ἐπεὶ ἦε πολὺ	parce qu'il était de beaucoup
φέρτερος Ἀργείων·	plus puissant que les Argiens;
Ζεὺς γὰρ ἐδάμασσεν	car Jupiter *les* avait domptés
οἱ ὑπὸ σκήπτρῳ.	à lui sous *son* sceptre.

Τῷ δὲ γυνὴ Προίτου ἐπεμήνατο, δῖ' Ἄντεια, 160
κρυπταδίῃ φιλότητι μιγήμεναι· ἀλλὰ τὸν οὔτι
πεῖθ' ἀγαθὰ φρονέοντα, δαΐφρονα Βελλεροφόντην·
Ἡ δὲ ψευσαμένη Προῖτον βασιλῆα προςηύδα·
« Τεθναίης, ὦ Προῖτ', ἢ κάκτανε Βελλεροφόντην,
ὅς μ' ἔθελεν φιλότητι μιγήμεναι, οὐκ ἐθελούσῃ. » 165
« Ὣς φάτο· τὸν δὲ ἄνακτα χόλος λάβεν, οἷον ἄκουσε·
κτεῖναι μέν ῥ' ἀλέεινε (σεβάσσατο γὰρ τόγε θυμῷ),
πέμπε δέ μιν Λυκίηνδε, πόρεν δ' ὅγε σήματα λυγρὰ,
γράψας ἐν πίνακι πτυκτῷ θυμοφθόρα πολλά·
δεῖξαι δ' ἠνώγειν ᾧ πενθερῷ, ὄφρ' ἀπόλοιτο. 170
Αὐτὰρ ὁ βῆ Λυκίηνδε θεῶν ὑπ' ἀμύμονι πομπῇ·
ἀλλ' ὅτε δὴ Λυκίην ἷξε, Ξάνθον τε ῥέοντα,
προφρονέως μιν τῖεν ἄναξ Λυκίης εὐρείης.
Ἐννῆμαρ ξείνισσε, καὶ ἐννέα βοῦς ἱέρευσεν.
Ἀλλ' ὅτε δὴ δεκάτη ἐφάνη ῥοδοδάκτυλος Ἠώς, 175
καὶ τότε μιν ἐρέεινε, καὶ ᾔτεε σῆμα ἰδέσθαι,
ὅττι ῥά οἱ γαμβροῖο πάρα Προίτοιο φέροιτο.
Αὐτὰρ ἐπειδὴ σῆμα κακὸν παρεδέξατο γαμβροῦ,

tus, éprise d'une secrète passion, désira s'unir au héros; mais ne pouvant séduire le sage et vertueux Bellérophon, cette reine eut recours au mensonge, et dit à Prétus :

« Meurs, Prétus, ou ravis le jour à Bellérophon qui a voulu s'unir à moi, malgré mes refus. »

« En entendant ces mots, Prétus fut transporté de colère ; toutefois une crainte religieuse l'empêcha de répandre le sang de Bellérophon ; mais il l'envoya en Lycie, et lui remit des signes funestes, ayant tracé sur des tablettes soigneusement scellées des caractères de mort ; il lui ordonna de les présenter à son beau-père, qu'il chargeait de le faire périr. Bellérophon partit pour la Lycie sous la conduite favorable des dieux. A son arrivée sur les rives du Xanthe, le roi de la vaste Lycie l'honora d'une réception pleine de bonté, lui donna l'hospitalité pendant neuf jours, et immola neuf génisses ; mais quand, pour la dixième fois, eut brillé l'aurore aux doigts de rose, alors il l'interrogea, et demanda à voir le signe qu'il lui apportait de la part de son gendre Prétus. Dès qu'il eut reçu le signe funeste, il ordonna au héros de tuer

Γυνὴ δὲ Προίτου,	Or la femme de Prétus,
δῖα Ἄντεια, ἐπεμήνατο	la divine Antée, désira-follement
μιγήμεναι τῷ	s'unir à celui-là
φιλότητι κρυπταδίῃ·	par un amour clandestin;
ἀλλ' οὐ πεῖθέ τι τὸν	mais elle ne persuada en-rien lui,
δαΐφρονα Βελλεροφόντην,	le prudent Bellérophon,
ςρονέοντα ἀγαθά.	pensant des choses-bonnes.
Ἡ δὲ ψευσαμένη	Et elle ayant menti
προσηύδα βασιλῆα Προῖτον·	dit au roi Prétus :
« Τεθναίης, ὦ Προῖτε,	« Puisses-tu mourir, ô Prétus,
ἢ κάκτανε Βελλεροφόντην,	ou tue Bellérophon,
ὅς ἔθελε μιγήμεναι φιλότητι	qui a voulu s'unir par l'amour
μοὶ οὐκ ἐθελούσῃ. »	à moi ne voulant pas. »
Φάτο ὥς· χόλος δὲ	Elle parla ainsi; et la colère
λάβεν ἄνακτα,	s'empara du roi, [avait entendu;
οἷον ἄκουσεν·	*pour une chose telle* que ce qu'il
ἀλέεινε μέν ῥα κτεῖναί μιν	à la vérité donc il évita de tuer lui
(σεβάσσατο γὰρ τόγε θυμῷ),	(car il redoutait cela dans *son* cœur),
πέμπε δέ μιν Λυκίηνδε,	mais il envoya lui en Lycie,
ὅγε δὲ πόρε σήματα λυγρά,	et lui-même donna des signes funestes,
γράψας ἐν πίνακι πτυκτῷ	ayant tracé sur une tablette pliée
πολλὰ θυμοφθόρα·	beaucoup de choses-mortelles;
ἠνώγειν δὲ δεῖξαι	et il ordonna de *l*'avoir montrée
ᾧ πενθερῷ, ὄφρα ἀπόλοιτο	à son beau-père, afin qu'il-pérît
Αὐτὰρ ὁ βῆ Λυκίηνδε	Alors celui-ci partit en Lycie
ὑπὸ πομπῇ ἀμύμονι θεῶν·	sous la conduite favorable des dieux;
ἀλλ' ὅτε δὴ ἷξε Λυκίην,	mais quand donc il arriva en Lycie
Ξάνθον τε ῥέοντα,	et au Xanthe coulant,
ἄναξ Λυκίης εὐρείης	le roi de la Lycie vaste
τῖέ μιν προφρονέως.	honora lui avec bienveillance.
Ἐννῆμαρ ξείνισσε,	Neuf-jours il *lui* donna-l'hospitalité,
καὶ ἱέρευσεν ἐννέα βοῦς.	et il sacrifia neuf bœufs.
Ἀλλ' ὅτε δὴ ἐφάνη	Mais lorsque donc parut
δεκάτη ἠὼς ῥοδοδάκτυλος,	la dixième aurore aux-doigts-de-rose,
τότε καὶ ἐρέεινέ μιν,	alors et il interrogea lui,
καὶ ᾔτεεν ἰδέσθαι σῆμα,	et il demanda à voir le signe,
ὅττι ῥα φέροιτό οἱ	que certes il apportait à lui
παρὰ Προίτοιο γαμβροῖο.	de la part de Prétus, *son* gendre.
Αὐτὰρ ἐπειδὴ παρεδέξατο	Ensuite, lorsqu'il eut reçu
σῆμα κακὸν γαμβροῦ,	le signe funeste de *son* gendre,

πρῶτον μέν ῥα Χίμαιραν ἀμαιμακέτην ἐκέλευσε
πεφνέμεν. Ἡ δ' ἄρ' ἔην θεῖον γένος, οὐδ' ἀνθρώπων· 180
πρόσθε λέων, ὄπιθεν δὲ δράκων, μέσση δὲ χίμαιρα·
δεινὸν ἀποπνείουσα πυρὸς μένος αἰθομένοιο.
Καὶ τὴν μὲν κατέπεφνε, θεῶν τεράεσσι πιθήσας.
Δεύτερον αὖ Σολύμοισι μαχήσατο κυδαλίμοισι·
καρτίστην δὴ τήνγε μάχην φάτο δύμεναι ἀνδρῶν. 185
Τὸ τρίτον αὖ κατέπεφνεν Ἀμαζόνας ἀντιανείρας.
Τῷ δ' ἄρ' ἀνερχομένῳ πυκινὸν δόλον ἄλλον ὕφαινε·
ϝρίνας ἐκ Λυκίης εὐρείης φῶτας ἀρίστους,
εἷσε λόχον· τοὶ δ' οὔτι πάλιν οἶκόνδε νέοντο·
πάντας γὰρ κατέπεφνεν ἀμύμων Βελλεροφόντης. 190
Ἀλλ' ὅτε δὴ γίγνωσκε θεοῦ γόνον ἠὺν ἐόντα,
αὐτοῦ μιν κατέρυκε, δίδου δ' ὅγε θυγατέρα ἥν·
δῶκε δέ οἱ τιμῆς βασιληίδος ἥμισυ πάσης·
καὶ μέν οἱ Λύκιοι τέμενος τάμον, ἔξοχον ἄλλων,
καλὸν φυταλιῆς καὶ ἀρούρης, ὄφρα νέμοιτο. 195
Ἡ δ' ἔτεκε τρία τέκνα δαΐφρονι Βελλεροφόντῃ,
Ἴσανδρόν τε καὶ Ἱππόλοχον καὶ Λαοδάμειαν.

l'invincible Chimère. De la race des immortels, et non de celle des hommes, elle avait la tête d'un lion, la queue d'un dragon et le corps d'une chèvre, et vomissait d'effroyables torrents de flamme. Bellérophon la tua, plein de confiance dans les augures des dieux. Ensuite il combattit contre les Solymes, et jamais, à l'en croire, il n'avait soutenu de combat plus redoutable; enfin il défit les Amazones au courage viril. Au retour du héros, le roi, lui tendant un piège adroit, choisit les plus braves guerriers de la vaste Lycie, et les plaça dans une embuscade; aucun d'eux ne revint dans sa demeure; car tous furent tués par l'irréprochable Bellérophon. Quand le prince eut reconnu que ce héros était de la valeureuse race des dieux, il le retint à sa cour, lui donna sa fille, et partagea avec lui les honneurs de la royauté. Les Lyciens, à leur tour, lui désignèrent une portion de terre plus vaste que celle des autres, et aussi riche en arbres qu'en moissons, afin qu'il la cultivât. L'épouse de Bellérophon lui donna trois enfants : Isandre, Hippoloque et Laodamie. A Laodamie s'unit le prudent Jupiter, et elle

πρῶτον μέν ῥα ἐκέλευσε	d'abord à la vérité donc il *lui* ordonna
πεφνέμεν Χίμαιραν ἀμαιμακέτην.	de tuer la Chimère invincible.
Ἄρα δὲ ἥ ἔην γένος θεῖον,	Or, certes, celle-ci était race divine,
οὐδὲ ἀνθρώπων·	et non des hommes;
λέων πρόσθε, δράκων δὲ ὄπιθεν,	lion par devant, et dragon par derrière,
χίμαιρα δὲ μέσση,	et chèvre-sauvage au-milieu,
ἀποπνείουσα μένος δεινὸν	exhalant une violence terrible
πυρὸς αἰθομένοιο.	de feu allumé.
Καὶ μὲν κατέπεφνε τὴν,	Et à la vérité il tua elle,
πιθήσας τεράεσσι θεῶν.	s'étant confié aux signes des dieux
Δεύτερον αὖ μαχήσατο	Secondement encore il combattit
Σολύμοισι κυδαλίμοισι·	contre les Solymes illustres ;
φάτο δὴ δύμεναι τήνγε μάχην	il disait donc avoir engagé ce combat
καρτίστην ἀνδρῶν.	le plus redoutable des hommes.
Τὸ τρίτον αὖ κατέπεφνεν	Troisièmement encore il tua
Ἀμαζόνας ἀντιανείρας.	les Amazones au-courage-d'hommes.
Ἄρα δὲ ὕφαινε τῷ ἀνερχομένῳ	Et certes il ourdit à lui revenant
ἄλλον δόλον πυκινόν·	une autre ruse adroite :
κρίνας φῶτας ἀρίστους	ayant choisi les mortels les meilleurs
ἐκ Λυκίης εὐρείης,	de la Lycie vaste,
εἷσε λόχον· τοὶ δὲ	il plaça une embuscade ; mais ceux-ci
οὔτι νέοντο πάλιν οἶκόνδε·	ne vinrent pas de nouveau à la mai-
Βελλεροφόντης γὰρ ἀμύμων	car Bellérophon irréprochable [son ;
κατέπεφνε πάντας.	*les* extermina tous.
Ἀλλὰ ὅτε δὴ γίγνωσκεν	Mais lorsque donc il reconnut *lui*,
ἐόντα γόνον ἠὺν θεοῦ,	étant rejeton illustre d'un dieu,
κατερύκε μιν αὐτοῦ,	il retenait lui là,
ὅγε δὲ δίδου ἣν θυγατέρα·	et lui-même donnait sa fille ;
δῶκε δέ οἱ ἥμισυ	et il donna à lui la moitié
πάσης τιμῆς βασιληΐδος·	de toute la dignité royale ;
καὶ μὲν οἱ Λύκιοι	et de leur côté les Lyciens
τάμον τέμενος,	détachèrent une portion-de-terrain,
ἔξοχον ἄλλων,	l'emportant sur les autres,
καλὸν φυταλιῆς καὶ ἀρούρης,	belle en plantations et en champs,
ὄφρα νέμοιτο.	afin qu'il *la* cultivât.
Ἣ δὲ ἔτεκε	Or celle-là enfanta
Βελλεροφόντῃ δαΐφρονι	à Bellérophon belliqueux
τρία τέκνα, Ἴσανδρόν τε,	trois enfants, et Isandre,
Ἱππόλοχόν τε	et Hippoloque,
καὶ Λαοδάμειαν.	et Laodamie.

Λαοδαμείη μὲν παρελέξατο μητίετα Ζεύς.
Ἣ δ' ἔτεκ' ἀντίθεον Σαρπηδόνα χαλκοκορυστήν.
Ἀλλ' ὅτε δὴ καὶ κεῖνος ἀπήχθετο πᾶσι θεοῖσιν,   200
ἤτοι ὁ κὰπ πεδίον τὸ Ἀλήϊον οἶος ἀλᾶτο,
ὃν θυμὸν κατέδων, πάτον ἀνθρώπων ἀλεείνων.
Ἴσανδρόν δέ οἱ υἱὸν Ἄρης ἆτος πολέμοιο
μαρνάμενον Σολύμοισι κατέκτανε κυδαλίμοισι·
τὴν δὲ χολωσαμένη χρυσήνιος Ἄρτεμις ἔκτα.   205
Ἱππόλοχος δέ μ' ἔτικτε, καὶ ἐκ τοῦ φημὶ γενέσθαι·
πέμπε δέ μ' ἐς Τροίην, καί μοι μάλα πόλλ' ἐπέτελλεν,
αἰὲν ἀριστεύειν, καὶ ὑπείροχον ἔμμεναι ἄλλων,
μηδὲ γένος πατέρων αἰσχυνέμεν, οἳ μέγ' ἄριστοι
ἔν τ' Ἐφύρῃ ἐγένοντο καὶ ἐν Λυκίῃ εὐρείῃ.   210
Ταύτης τοι γενεῆς τε καὶ αἵματος εὔχομαι εἶναι. »

Ὣς φάτο· γήθησεν δὲ βοὴν ἀγαθὸς Διομήδης.
Ἔγχος μὲν κατέπηξεν ἐπὶ χθονὶ πουλυβοτείρῃ,
αὐτὰρ ὁ μειλιχίοισι προσηύδα ποιμένα λαῶν·
« Ἦ ῥά νύ μοι ξεῖνος πατρώϊός ἐσσι παλαιός·   215
Οἰνεὺς γάρ ποτε δῖος ἀμύμονα Βελλεροφόντην
ξείνισ' ἐνὶ μεγάροισιν, ἐείκοσιν ἤματ' ἐρύξας.

enfanta le divin Sarpédon aux armes d'airain. Bellérophon, devenu l'objet de la haine de tous les dieux, errait, seul, dans la plaine d'Aléus, se rongeant le cœur, et fuyant la trace des hommes. Son fils Isandre tomba sous les coups de l'insatiable Mars dans une guerre contre les Solymes célèbres. La déesse qui tient des rênes d'or, Diane, dans son courroux, tua Laodamie; quant à Hippoloque, il m'a donné la naissance; oui, je l'affirme, c'est lui qui est mon père; il m'a envoyé à Troie, avec l'ordre souvent réitéré d'être toujours le plus brave, de l'emporter sur tous les guerriers, et de ne pas déshonorer la race de mes pères, ces héros qui ont brillé à Éphyre et dans la vaste Lycie. Telle est mon origine; tel est le sang dont je me glorifie d'être issu. »

Il dit : transporté de joie, le vaillant Diomède enfonce sa lance dans le sein fertile de la terre, et adresse ces paroles de paix à Glaucus, pasteur des peuples :

« Certes tu es pour moi un ancien hôte paternel; car le divin Œnée accueillit autrefois dans son palais l'irréprochable Bellérophon, et l'y retint pendant vingt jours ; là, ils se firent de magnifiques présents

Μητίετα μὲν Ζεὺς	A la vérité le prudent Jupiter
παρελέξατο Λαοδαμείῃ·	s'unit à Laodamie ;
ἡ δὲ ἔτεκε Σαρπηδόνα	et celle-ci enfanta Sarpédon,
χαλκοκορυστὴν, ἀντίθεον.	au-casque-d'airain, égal-à-un-dieu.
Ἀλλὰ ὅτε δὴ κεῖνος καὶ	Mais lorsque donc celui-là aussi
ἀπήχθετο πᾶσι θεοῖσιν,	fut haï de tous les dieux,
ἤτοι ὁ ἀλᾶτο οἶος	assurément lui errait seul
κατὰ τὸ πεδίον Ἀλήϊον,	dans la plaine d'-Aléius,
κατέδων ὃν θυμὸν,	rongeant son cœur,
ἀλεείνων πάτον ἀνθρώπων.	évitant la trace des hommes.
Ἄρης δὲ, ἆτος πολέμοιο,	Or Mars, insatiable de guerre,
κατέκτανέν οἱ υἱὸν Ἴσανδρον	tua à lui *son* fils Isandre,
μαρνάμενον Σολύμοισι κυδαλίμοισι·	combattant les Solymes illustres ;
Ἄρτεμις δὲ χρυσήνιος	d'un autre côté Diane aux-rênes-d'or
χολωσαμένη, ἔκτα τήν.	s'étant mise-en-colère, tua celle-là
Ἱππόλοχος δὲ ἔτικτέ με,	Or Hippoloque a enfanté moi,
καὶ φημὶ γενέσθαι ἐκ τοῦ·	et je dis être né de lui ;
πέμπε δέ με ἐς Τροίην,	or il a envoyé moi à Troie,
καὶ ἐπέτελλέ μοι	et il a recommandé à moi
μάλα πολλὰ,	tout-à-fait beaucoup de choses,
ἀριστεύειν αἰὲν,	de prévaloir toujours,
καὶ εἶναι ὑπείροχον ἄλλων,	et d'être supérieur aux autres,
μηδὲ αἰσχυνέμεν	et de ne pas déshonorer
γένος πατέρων,	la race de *mes* pères,
οἳ ἐγένοντο μέγα ἄριστοι	qui furent de beaucoup les plus braves
ἔν τε Ἐφύρῃ καὶ ἐν Λυκίῃ εὐρείῃ.	et dans Éphyre, et dans la Lycie vaste.
Εὔχομαί τοι εἶναι	Certes je me fais-gloire d'être
ταύτης τε γενεῆς καὶ αἵματος. »	et de cette race et de ce sang. »
Φάτο ὥς· Διομήδης δὲ	Il parla ainsi ; et Diomède
ἀγαθὸς βοὴν γήθησε.	brave au combat se réjouit.
Κατέπηξε μὲν ἔγχος	A la vérité il enfonça sa lance
ἐπὶ χθονὶ πουλυβοτείρῃ,	dans la terre nourricière.
ἀτὰρ ὁ προσηύδα μειλιχίοισι	Ensuite lui s'adressa en-termes-doux
ποιμένα λαῶν·	au pasteur des peuples :
« Ἦ ῥά ἐσσί μοί νυ	« Certes tu es pour moi en effet
παλαιὸς ξεῖνος πατρώϊος·	un ancien hôte paternel ;
ποτὲ γὰρ δῖος Οἰνεὺς	car autrefois le divin Œnée
ξείνισεν ἐν μεγάροισι	reçut-en-hospitalité dans *son* palais
Βελλεροφόντην ἀμύμονα,	Bellérophon irréprochable,
ἐρύξας ἐείκοσιν ἤματα·	*l*'ayant retenu vingt jours ;

Οἱ δὲ καὶ ἀλλήλοισι πόρον ξεινήϊα καλά·
Οἰνεὺς μὲν ζωστῆρα δίδου φοίνικι φαεινόν,
Βελλεροφόντης δὲ χρύσεον δέπας ἀμφικύπελλον· 220
καί μιν ἐγὼ κατέλειπον ἰὼν ἐν δώμασ' ἐμοῖσι.
Τυδέα δ' οὐ μέμνημαι· ἐπεί μ' ἔτι τυτθὸν ἐόντα
κάλλιφ', ὅτ' ἐν Θήβῃσιν ἀπώλετο λαὸς Ἀχαιῶν.
Τῷ νῦν σοὶ μὲν ἐγὼ ξεῖνος φίλος Ἄργεϊ μέσσῳ
εἰμί, σὺ δ' ἐν Λυκίῃ, ὅτε κεν τῶν δῆμον ἵκωμαι 225
Ἔγχεα δ' ἀλλήλων ἀλεώμεθα καὶ δι' ὁμίλου.
Πολλοὶ μὲν γὰρ ἐμοὶ Τρῶες κλειτοί τ' ἐπίκουροι,
κτείνειν, ὅν κε θεός γε πόρῃ καὶ ποσσὶ κιχείω·
πολλοὶ δ' αὖ σοὶ Ἀχαιοὶ, ἐναιρέμεν, ὅν κε δύνηαι.
Τεύχεα δ' ἀλλήλοις ἐπαμείψομεν· ὄφρα καὶ οἵδε 230
γνῶσιν ὅτι ξεῖνοι πατρώϊοι εὐχόμεθ' εἶναι. »

Ὣς ἄρα φωνήσαντε, καθ' ἵππων ἀΐξαντε,
χεῖράς τ' ἀλλήλων λαβέτην, καὶ πιστώσαντο.
Ἔνθ' αὖτε Γλαύκῳ Κρονίδης φρένας ἐξέλετο Ζεύς,
ὃς πρὸς Τυδείδην Διομήδεα τεύχε' ἄμειβε, 235

d'hospitalité : OEnée donna un ceinturon éclatant de pourpre, et Bellérophon une vaste coupe d'or, qu'à mon départ je laissai dans ma demeure. Mais je n'ai conservé aucun souvenir de Tydée ; car j'étais encore bien jeune quand il me quitta à Thèbes, où périt l'armée des Grecs. Désormais, je suis pour toi, dans l'Argolide, un hôte et un ami, comme tu l'es pour moi, dans la Lycie, quand je parcourrai ce royaume. Évitons donc nos lances, même dans la mêlée. Il nous restera à immoler, à moi, assez de Troyens, assez de leurs illustres alliés, soit qu'un dieu les offre à mes coups, soit que je les atteigne dans leur fuite ; à toi, assez de Grecs, quand tu pourras en triompher. Mais échangeons nos armes, afin que ces guerriers sachent que nous nous glorifions d'être des hôtes paternels. »

Tous les deux, à ces mots, s'élancent de leurs chars, se serrent la main, et se donnent mutuellement leur foi. Or en ce moment le fils de Saturne privait Glaucus de sa raison, puisque ce guerrier échangeait

οἱ δὲ καὶ πόρον ἀλλήλοισι	et eux se donnaient l'un à l'autre
ξεινήϊα καλά·	des présents-d'hospitalité beaux :
Οἰνεὺς μὲν δίδου	d'un côté OEnée donnait
ζωστῆρα φαεινὸν φοίνικι,	un baudrier éclatant de pourpre,
Βελλεροφόντης δὲ	d'un autre, Bellérophon
δέπας χρύσεον	une coupe d'-or
ἀμφικύπελλον·	à-pied-évasé ;
καὶ ἐγὼ ἰὼν κατέλειπόν μιν	et moi en venant j'ai laissé elle
ἐν ἐμοῖσι δώμασιν.	dans mes habitations.
Οὐ δὲ μέμνημαι Τυδέα,	Mais je ne me souviens pas de Tydée,
ἐπεὶ κατέλιπέ με	parce qu'il a laissé moi
ἐόντα ἔτι τυτθόν,	étant encore petit,
ὅτε λαὸς Ἀχαιῶν	lorsque le peuple des Achéens
ἀπώλετο ἐν Θήβῃσι	périt à Thèbes ;
τῶ νῦν ἐγὼ μὲν	par cela maintenant de mon côté
εἰμί σοι ξεῖνος φίλος	je suis pour toi un hôte ami
μέσσῳ Ἄργεϊ,	au milieu d'Argos,
σὺ δὲ ἐν Λυκίῃ,	toi de ton côté en Lycie,
ὅτε κεν ἵκωμαι δῆμον τῶν.	quand j'irai chez la nation de ceux-ci.
Ἀλεώμεθα δὲ ἔγχεα ἀλλήλων	Or évitons les lances l'un-de-l'autre
καὶ διὰ ὁμίλου.	même au milieu de la foule.
Πολλοὶ μὲν γὰρ Τρῶες	Car à la vérité beaucoup de Troyens
ἐπίκουροί τε κλειτοὶ ἐμοὶ	et d'alliés illustres sont à moi
κτείνειν ὅν θεός γε	pour tuer celui qu'un dieu du moins
πόρῃ κε καὶ κιχείω ποσσίν·	offrirait et que j'atteindrais des pieds ;
αὖ δὲ πολλοὶ Ἀχαιοὶ σοὶ	et aussi beaucoup d'Achéens sont à toi
ἐναιρέμεν ὅν κε δύνῃαι.	pour tuer celui que tu pourras.
Ἀμείψομεν δὲ τεύχεα	Mais échangeons les armes
ἀλλήλοις, ὄφρα καὶ οἵδε	l'un-avec-l'autre, afin qu'aussi ceux-ci
γνῶσιν ὅτι εὐχόμεθα	sachent que nous nous faisons-gloire
εἶναι ξεῖνοι πατρώϊοι. »	d'être hôtes paternels. »
Ἄρα φωνήσαντε ὥς,	Donc, ayant parlé-tous-deux ainsi,
ἀΐξαντε κατὰ ἵππων,	s'étant précipités de leurs chevaux,
λαβέτην τε χεῖρας ἀλλήλων,	et ils prirent les mains l'un de l'autre,
καὶ πιστώσαντο.	et se donnèrent-leur-foi.
Ἔνθα αὖτε Κρονίδης	Mais alors le fils-de-Saturne
Ζεὺς ἐξέλετο	Jupiter enleva
φρένας Γλαύκῳ,	les esprits à Glaucus,
ὃς ἄμειβε τεύχεα	qui échangea les armes
πρὸς Διομήδεα Τυδείδην,	avec Diomède, fils-de-Tydée,

χρύσεα χαλκείων, ἑκατόμβοι' ἐννεαβοίων.

Ἕκτωρ δ' ὡς Σκαιάς τε πύλας καὶ φηγὸν ἵκανεν,
ἀμφ' ἄρα μιν Τρώων ἄλοχοι θέον ἠδὲ θύγατρες,
εἰρόμεναι παῖδάς τε, κασιγνήτους τε ἔτας τε,
καὶ πόσιας· ὁ δ' ἔπειτα θεοῖς εὔχεσθαι ἀνώγει   240
πάσας ἑξείης· πολλῇσι δὲ κήδε' ἐφῆπτο.

Ἀλλ' ὅτε δὴ Πριάμοιο δόμον περικαλλέ' ἵκανε,
ξεστῇς αἰθούσῃσι τετυγμένον (αὐτὰρ ἐν αὐτῷ
πεντήκοντ' ἔνεσαν θάλαμοι ξεστοῖο λίθοιο,
πλησίοι ἀλλήλων δεδμημένοι· ἔνθα δὲ παῖδες   245
κοιμῶντο Πριάμοιο παρὰ μνηστῇς ἀλόχοισι.
Κουράων δ' ἑτέρωθεν ἐναντίοι ἔνδοθεν αὐλῆς
δώδεκ' ἔσαν τέγεοι θάλαμοι ξεστοῖο λίθοιο,
πλησίοι ἀλλήλων δεδμημένοι· ἔνθα δὲ γαμβροὶ
κοιμῶντο Πριάμοιο παρ' αἰδοίῃς ἀλόχοισιν),   250
ἔνθα οἱ ἠπιόδωρος ἐναντίη ἤλυθε μήτηρ,
Λαοδίκην ἐσάγουσα, θυγατρῶν εἶδος ἀρίστην·
ἔν τ' ἄρα οἱ φῦ χειρί, ἔπος τ' ἔφατ', ἔκ τ' ὀνόμαζε·

« Τέκνον, τίπτε λιπὼν πόλεμον θρασὺν εἰλήλουθας;
ἦ μάλα δὴ τείρουσι δυσώνυμοι υἷες Ἀχαιῶν,   255

avec Diomède des armes d'or contre des armes d'airain, la valeur d'une hécatombe contre celle de neuf génisses.

Cependant Hector arrive aux portes de Scées, auprès du hêtre ; et autour de lui accourent les épouses, les filles des Troyens, s'informant de leurs fils, de leurs frères, de leurs amis, de leurs époux ; mais il leur ordonne d'aller toutes ensemble implorer les immortels ; car sur la plupart d'entre elles allaient fondre de grandes douleurs.

Mais, quand il est parvenu à la somptueuse demeure de Priam environnée de portiques brillants (or dans ce palais s'élevaient, d'un marbre poli, cinquante chambres contiguës où reposaient les fils du monarque auprès de leurs épouses légitimes ; et du côté opposé, dans l'intérieur de la cour, étaient, sous des toits d'un marbre non moins éclatant, douze autres chambres, destinées à ses filles, également contiguës, où reposaient aussi les gendres de Priam auprès de leurs chastes compagnes), sa vénérable mère, qui se rendait alors chez Laodice, la plus belle de ses filles, le rencontre, saisit sa main, et s'adresse à lui en ces termes :

Mon fils, pourquoi as-tu quitté le terrible champ de bataille pour venir en ces lieux ? Sans doute que les enfants des Grecs, nom détesté, nous pressent, et combattent déjà autour de la ville, et que tu es

χρύσεα χαλκείων,	armes d'-or contre armes d'-airain,
ἑκατόμβοια	armes de-cent-bœufs
ἐννεαβοίων.	contre armes de-neuf-bœufs.
Ὡς δὲ Ἕκτωρ ἵκανε	Mais dès que Hector vint
πύλας τε Σκαιὰς καὶ φηγὸν,	et à la porte Scée et au hêtre,
ἄρα ἄλοχοι	certes les épouses
ἠδὲ θυγατρες Τρώων	et les filles des Troyens
θέον ἀμφί μιν,	couraient autour de lui,
εἰρόμεναι παῖδάς τε,	interrogeant et sur les enfants,
κασιγνήτους τε, ἔτας τε,	et sur les frères, et sur les amis,
καὶ πόσιας· ὁ δὲ ἔπειτα	et sur les époux; mais lui ensuite
ἀνώγει πάσας ἑξείης	ordonna toutes par ordre
εὔχεσθαι θεοῖς·	prier les dieux;
κήδεα δὲ ἐφῆπτο πολλῆσιν.	et des maux menaçaient beaucoup.
Ἀλλὰ ὅτε δὴ ἵκανε	Mais lorsque donc il fut arrivé
δόμον περικαλλέα Πριάμοιο,	à la demeure très-belle de Priam,
τετυγμένον αἰθούσῃσι ξεστῇς	construite avec des portiques polis
(αὐτὰρ ἐν αὐτῷ ἔνεσαν	(toutefois dans elle étaient
πεντήκοντα θάλαμοι	cinquante chambres
λίθοιο ξεστοῖο,	de pierre polie,
δεδμημένοι πλησίοι ἀλλήλων·	bâties voisines les unes des autres;
ἔνθα δὲ κοιμῶντο παῖδες Πριάμοιο	or là couchaient les fils de Priam
παρὰ ἀλόχοισι μνηστῇς.	auprès des épouses légitimes.
Ἑτέρωθεν δὲ ἐναντίοι	Et de l'autre côté opposées-en-face
ἔνδοθεν αὐλῆς	dans l'intérieur de la cour
ἔσαν δώδεκα θάλαμοι κουράων	étaient douze chambres des filles,
τέγεοι λίθοιο ξεστοῖο,	placées-sous-le-toit et de pierre polie,
δεδμημένοι πλησίοι ἀλλήλων·	bâties voisines les unes des autres;
ἔνθα δὲ κοιμῶντο γαμβροὶ Πριάμοιο	or là couchaient les gendres de Priam
παρὰ ἀλόχοισιν αἰδοίης),	auprès de leurs épouses chastes),
ἔνθα μήτηρ ἠπιόδωρος	là sa mère aux-doux-présents
ἤλυθεν ἐναντίη οἱ	vint à la rencontre à lui
ἐσάγουσα Λαοδίκην,	allant chez Laodice,
ἀρίστην θυγατρῶν εἶδος·	la meilleure des filles par la beauté;
ἄρα ἐνέφυ τε χειρί οἱ,	donc et elle s'attacha à la main à lui,
ἔφατό τε ἔπος, ἐξονόμαζέ τε·	et dit une parole, et parla ainsi:
« Τέκνον, τίπτε εἰλήλουθας	« Mon fils, pourquoi-donc es-tu venu,
λιπὼν πόλεμον θρασύν;	ayant abandonné la guerre hardie?
ἦ δὴ υἷες Ἀχαιῶν	Certes déjà les fils des Achéens
δυσώνυμοι τείρουσι μάλα,	au-triste-nom, pressent beaucoup,

μαρνάμενοι περὶ ἄστυ· σὲ δ' ἐνθάδε θυμὸς ἀνῆκεν
ἐλθόντ', ἐξ ἄκρης πόλιος Διῒ χεῖρας ἀνασχεῖν.
Ἀλλὰ μέν', ὄφρα κέ τοι μελιηδέα οἶνον ἐνείκω,
ὡς σπείσῃς Διῒ πατρὶ καὶ ἄλλοις ἀθανάτοισι
πρῶτον· ἔπειτα δέ κ' αὐτὸς ὀνήσεαι, αἴ κε πίῃσθα. 260
Ἀνδρὶ δὲ κεκμηῶτι μένος μέγα οἶνος ἀέξει·
ὡς τύνη κέκμηκας, ἀμύνων σοῖσιν ἔτῃσι. »

Τὴν δ' ἠμείβετ' ἔπειτα μέγας κορυθαίολος Ἕκτωρ·
« Μή μοι οἶνον ἄειρε μελίφρονα, πότνια μῆτερ,
μή μ' ἀπογυιώσῃς, μένεος δ' ἀλκῆς τε λάθωμαι.   265
Χερσὶ δ' ἀνίπτοισιν Διῒ λείβειν αἴθοπα οἶνον
ἄζομαι· οὐδέ πῃ ἔστι, κελαινεφέϊ Κρονίωνι
αἵματι καὶ λύθρῳ πεπαλαγμένον εὐχετάασθαι·
Ἀλλὰ σὺ μὲν πρὸς νηὸν Ἀθηναίης ἀγελείης
ἔρχεο σὺν θυέεσσιν, ἀολλίσσασα γεραιάς·   270
πέπλον δ', ὅστις τοι χαριέστατος ἠδὲ μέγιστος
ἔστιν ἐνὶ μεγάρῳ, καί τοι πολὺ φίλτατος αὐτῇ,
τὸν θὲς Ἀθηναίης ἐπὶ γούνασιν ἠϋκόμοιο,
καί οἱ ὑποσχέσθαι δυοκαίδεκα βοῦς ἐνὶ νηῷ,
ἤνις, ἠκέστας, ἱερευσέμεν, αἴ κ' ἐλεήσῃ   275

ramené ici par le désir d'élever, du haut de la citadelle, les mains vers Jupiter! Mais demeure; je vais apporter un vin aussi doux que le miel, afin que tu offres d'abord des libations au père des dieux et aux autres immortels; et qu'ensuite cette liqueur te soit profitable, si tu épuises la coupe : à l'homme fatigué, le vin donne une nouvelle vigueur; et combien n'as-tu pas éprouvé de fatigues en combattant pour les Troyens ! »

Le grand Hector, au casque étincelant, répondit · « Ne m'apporte pas de ce vin aussi doux que le miel, ô ma respectable mère, de peur que tu ne m'énerves, et que je ne me souvienne ni de ma force, ni de mon courage. D'ailleurs je n'oserais, de mes mains impures, offrir des libations à Jupiter : un mortel que souillent le sang et une poussière sanglante, ne doit pas présenter ses vœux au puissant fils de Saturne. Cependant, avec des parfums, et après avoir rassemblé les vénérables matrones, monte au temple de Minerve dévastatrice; de tous les voiles que renferme ton palais, dépose sur les genoux de la belle déesse le plus précieux, le plus grand, celui enfin que tu aimes le plus; et promets-lui de sacrifier dans ce temple douze jeunes génisses qui n'aient pas encore porté le joug, si sa pitié protége la ville des Troyens, et

μαρνάμενοι περὶ ἄστυ·	combattant autour de la ville;
θυμὸς δὲ ἀνῆκέ σε ἐλθόντα ἐνθάδε	et le cœur a poussé toi venu ici
ἀνασχεῖν χεῖρας Διὶ	à élever les mains à Jupiter
ἐκ πόλιος ἄκρης.	de la ville haute.
Ἀλλὰ μένε, ὄφρα κεν ἐνείκω	Mais reste, jusqu'à ce que j'aie apporté
τοι οἶνον μελιηδέα,	à toi un vin doux-comme-le-miel,
ὡς πρῶτον σπείσῃς	afin que d'abord tu fasses-des-libations
Διὶ πατρὶ	à Jupiter, père *des dieux*,
καὶ ἄλλοισιν ἀθανάτοισιν·	et aux autres immortels,
ἔπειτα δέ κεν αὐτὸς ὀνήσεαι,	et ensuite afin que tu te fasses-du-bien,
αἴ κε πίῃσθα· οἶνος δὲ ἀέξει	si tu *en* auras bu; car le vin augmente
μέγα μένος ἀνδρὶ κεκμηῶτι,	beaucoup la force à l'homme fatigué,
ὡς τύνη κέκμηκας,	comme toi tu t'es fatigué
ἀμύνων σοῖσιν ἔτῃσιν. »	en défendant tes compagnons. »
Ἔπειτα δὲ μέγας Ἕκτωρ	Alors ensuite le grand Hector,
κορυθαίολος ἠμείβετο τήν·	à l'aigrette-mobile, répondit à celle-ci:
« Μῆτερ πότνια, μὴ ἄειρέ μοι	« Mère respectable, n'élève pas à moi
οἶνον μελίφρονα,	un vin doux-comme-le-miel,
μὴ ἀπογυιώσῃς με,	de peur que tu n'énerves moi,
λάθωμαι δὲ μένεος ἀλκῆς τε.	et que je n'oublie courage et force
Ἄζομαι δὲ λείβειν Διὶ	Et je crains de répandre à Jupiter
οἶνον αἴθοπα χερσὶν ἀνίπτοις·	du vin noir de *mes* mains non-lavées,
οὐδέ πῃ ἔστι,	il n'est nullement permis,
πεπαλαγμένον αἵματι καὶ λύθρῳ,	étant souillé de sang et de poussière,
εὐχετάασθαι Κρονίωνι	d'adresser-des-vœux au fils-de-Saturne
κελαινεφέι.	qui-assemble-les-nuages.
Ἀλλὰ σὺ μὲν ἔρχεο	Mais toi à la vérité va
σὺν θυέεσσι πρὸς νηὸν	avec des parfums vers le temple
Ἀθηναίης ἀγελείης,	de Minerve victorieuse,
ἀολλίσσασα γεραιάς·	rassemblant les matrones vénérables;
πέπλον δὲ, ὅστις ἐστί τοι	et *quant* au voile, qui est à toi
ἐν μεγάρῳ	dans le palais
χαριέστατος ἠδὲ μέγιστος,	le plus élégant et le plus grand,
καὶ πολὺ φίλτατός τοι αὐτῇ,	et de beaucoup le plus cher à to
θὲς τὸν ἐπὶ γούνασιν	place-le sur les genoux [mêm
Ἀθηναίης ἠυκόμοιο,	de Minerve à-la-belle-chevelure,
καὶ ὑποσχέσθαι οἱ ἱερευσέμεν	et promets à elle devoir-sacrifier
ἐνὶ νηῷ δυοκαίδεκα βοῦς	dans le temple douze génisses,
ἤνις, ἠκέστας,	d'une-année, non-aiguillonnées,
αἴ κεν ἐλεήσῃ	si elle prend-en-pitié

ἄστυ τε καὶ Τρώων ἀλόχους καὶ νήπια τέκνα,
αἴ κεν Τυδέος υἱὸν ἀπόσχῃ Ἰλίου ἱρῆς,
ἄγριον αἰχμητήν, κρατερὸν μήστωρα φόβοιο.
Ἀλλὰ σὺ μὲν πρὸς νηὸν Ἀθηναίης ἀγελείης
ἔρχευ· ἐγὼ δὲ Πάριν μετελεύσομαι, ὄφρα καλέσσω,   280
αἴ κ᾽ ἐθέλῃσ᾽ εἰπόντος ἀκουέμεν· ὥς κέν οἱ αὖθι
γαῖα χάνοι· μέγα γάρ μιν Ὀλύμπιος ἔτρεφε πῆμα
Τρωσί τε καὶ Πριάμῳ μεγαλήτορι, τοῖό τε παισίν
Εἰ κεῖνόν γε ἴδοιμι κατελθόντ᾽ Ἄϊδος εἴσω,
φαίην κε φρέν᾽ ἀτέρπου ὀϊζύος ἐκλελαθέσθαι. »   285
Ὣς ἔφαθ᾽· ἡ δὲ μολοῦσα ποτὶ μέγαρ᾽, ἀμφιπόλοισι
κέκλετο· ταὶ δ᾽ ἄρ᾽ ἀόλλισσαν κατὰ ἄστυ γεραιάς.
Αὐτὴ δ᾽ ἐς θάλαμον κατεβήσατο κηώεντα,
ἔνθ᾽ ἔσαν οἱ πέπλοι παμποίκιλοι, ἔργα γυναικῶν
Σιδονίων, τὰς αὐτὸς Ἀλέξανδρος θεοειδής   290
ἤγαγε Σιδονίηθεν, ἐπιπλὼς εὐρέα πόντον,
τὴν ὁδὸν ἣν Ἑλένην περ ἀνήγαγεν εὐπατέρειαν.
Τῶν ἕν᾽ ἀειραμένη, Ἑκάβη φέρε δῶρον Ἀθήνῃ,
ὃς κάλλιστος ἔην ποικίλμασιν ἠδὲ μέγιστος,
ἀστὴρ δ᾽ ὣς ἀπέλαμπεν, ἔκειτο δὲ νείατος ἄλλων· 295

leurs épouses, et leurs jeunes enfants; si elle repousse loin des murs sacrés d'Ilion le fils de Tydée, ce féroce guerrier, ce violent artisan de nos défaites. Rends-toi donc dans le sanctuaire de la belliqueuse Pallas; et moi, allant trouver Pâris, je l'appellerai, si pourtant il veut écouter ma voix! Puisse sous ses pas la terre en ces lieux mêmes s'entr'ouvrir! car le roi de l'Olympe l'a nourri pour l'entière ruine des Troyens, du magnanime Priam et de ses fils. Il me semble, si je le voyais descendre dans les enfers, que mon âme perdrait le souvenir de nos cruels désastres. »

Il dit; sa mère se rend à son palais, et donne des ordres à ses femmes, pour rassembler de tous les quartiers de la ville les matrones vénérables; ensuite elle descend dans la chambre parfumée qui renferme les voiles enrichis de broderies, ouvrage des Sidoniennes que le beau Pâris a amenées de leur patrie, quand, traversant la vaste mer, il ravissait Hélène, fille d'un père illustre. Hécube prend un de ces voiles pour l'offrir à Minerve; le plus grand et le plus beau par ses broderies, il brillait comme un astre, et reposait étendu sous tous les au-

ἄστυ τε καὶ ἀλόχους Τρώων καὶ νήπια τέκνα,	et la ville et les épouses des Troyens et les jeunes enfants,
αἴ κεν ἀπόσχῃ Ἰλίου ἱρῆς υἱὸν Τυδέος, αἰχμητὴν ἄγριον, μήστωρα κρατερὸν φόβοιο.	si elle détourne d'Ilion sacrée le fils de Tydée, guerrier farouche, auteur violent de crainte.
Ἀλλὰ σὺ μὲν ἔρχευ πρὸς νηὸν Ἀθηναίης ἀγελείης· ἐγὼ δὲ μετελεύσομαι Πάριν, ὄφρα καλέσσω,	Mais toi de ton côté va vers le temple de Minerve belliqueuse pour moi j'irai vers Pâris, afin que je *l*'appelle,
αἴ κεν ἐθέλῃσιν ἀκουέμεν εἰπόντος· ὥς κε γαῖα χάνοι οἱ αὖθι·	si toutefois il veut écouter *moi* parlant ; plût aux dieux que la terre s'ouvrît à lui à l'instant !
ὁ γὰρ Ὀλύμπιος ἔτρεφέ μιν μέγα πῆμα Τρωσί τε καὶ Πριάμῳ μεγαλήτορι, παισί τε τοῖο.	Car le dieu-d'Olympe a nourri lui, grand fléau et aux Troyens, et à Priam magnanime, et aux enfants de lui.
Εἴ γε ἴδοιμι κεῖνον κατελθόντα εἴσω Ἄϊδος, φαίην κε φρένα ἐκλελαθέσθαι ὀϊζύος ἀτερποῦ. »	Si certes je voyais celui-ci descendant chez Pluton, je penserais *mon* âme avoir oublié *mon* infortune amère. »
Ἔφατο ὥς· ἡ δὲ μολοῦσα ποτὶ μέγαρα, κέκλετο ἀμφιπόλοισι· ταὶ δὲ ἀόλλισσαν γεραιὰς κατὰ ἄστυ. Αὐτὴ δὲ κατεβήσατο ἐς θάλαμον κηώεντα, ἔνθα ἔσαν οἱ πέπλοι παμποίκιλοι, ἔργα γυναικῶν Σιδονίων, τὰς Ἀλέξανδρος αὐτὸς θεοειδὴς ἤγαγε Σιδονίηθεν, ἐπιπλώς πόντον εὐρέα, τὴν ὁδὸν ἥν περ ἀνήγαγεν Ἑλένην εὐπατέρειαν.	Il parla ainsi ; or celle-là étant allée vers *son* palais, donna-des-ordres aux suivantes ; et celles-ci réunirent les matrones à travers la ville. Puis elle-même descendit dans *sa* chambre parfumée, où étaient à elle des voiles très-variés, ouvrages des femmes Sidoniennes, que Pâris lui-même, à-la-forme-divine, amena de-Sidon, ayant navigué sur la mer vaste, par la route par laquelle il avait amené Hélène, issue-d'un-père-illustre
Ἑκάβη ἀειραμένη ἕνα τῶν φέρε δῶρον Ἀθηναίῃ, ὅς ἔην ποικίλμασι κάλλιστος ἠδὲ μέγιστος, ἀπέλαμπεν δὲ ὡς ἀστὴρ, ἔκειτο δὲ νείατος ἄλλων.	Hécube, ayant levé un de ceux-là, *le* porta en-présent à Minerve, lequel était, par les dessins-variés, le plus beau et le plus grand, et il brillait comme un astre, et il était placé le dernier des autres

βῆ δ' ἴεναι, πολλαὶ δὲ μετεσσεύοντο γεραιαί.
    Αἱ δ' ὅτε νηὸν ἵκανον Ἀθήνης ἐν πόλει ἄκρῃ,
τῇσι θύρας ὦϊξε Θεανὼ καλλιπάρῃος,
Κισσηΐς, ἄλοχος Ἀντήνορος ἱπποδάμοιο·
τὴν γὰρ Τρῶες ἔθηκαν Ἀθηναίης ἱέρειαν.   300
Αἱ δ' ὀλολυγῇ πᾶσαι Ἀθήνῃ χεῖρας ἀνέσχον.
Ἡ δ' ἄρα πέπλον ἑλοῦσα Θεανὼ καλλιπάρῃος,
θῆκεν Ἀθηναίης ἐπὶ γούνασιν ἠϋκόμοιο·
εὐχομένη δ' ἠρᾶτο Διὸς κούρῃ μεγάλοιο·
    « Πότνι' Ἀθηναίη, ἐρυσίπτολι, δῖα θεάων,   305
ἆξον δὴ ἔγχος Διομήδεος, ἠδὲ καὶ αὐτὸν
πρηνέα δὸς πεσέειν Σκαιῶν προπάροιθε πυλάων·
ὄφρα τοι αὐτίκα νῦν δυοκαίδεκα βοῦς ἐνὶ νηῷ,
ἤνις, ἠκέστας, ἱερεύσομεν, αἴ κ' ἐλεήσῃς
ἄστυ τε καὶ Τρώων ἀλόχους καὶ νήπια τέκνα. »   310
    Ὣς ἔφατ' εὐχομένη· ἀνένευε δὲ Παλλὰς Ἀθήνη.
Ὣς αἱ μέν ῥ' εὔχοντο Διὸς κούρῃ μεγάλοιο·
Ἕκτωρ δὲ πρὸς δώματ' Ἀλεξάνδροιο βεβήκει

tres. Elle part sans délai ; les matrones en foule se hâtaient sur ses pas.

Quand elles sont arrivées au temple, sur le haut de la citadelle, la belle Théano, fille de Cissée et épouse d'Anténor, le dompteur de chevaux, leur ouvre les portes ; car c'est elle que les Troyens ont établie prêtresse de Minerve. Toutes alors, avec des sanglots, élèvent leurs mains vers la déesse, tandis que Théano, prenant le voile, le dépose sur les genoux de Minerve à la belle chevelure, et adresse ses vœux suppliants à la fille du puissant Jupiter. »

« Auguste Pallas, protectrice de cette ville, ô la plus vénérable des déesses! brise la lance de Diomède! Fais que lui-même tombe le front dans la poussière, auprès des portes de Scées! afin que nous nous hâtions de t'immoler dans ce temple douze jeunes génisses qui n'aient pas encore porté le joug, si tu prends pitié de la ville des Troyens, de leurs épouses, de leurs jeunes enfants. »

Elle dit, et Pallas, d'un mouvement de tête, refuse de l'exaucer. Mais, tandis que ces femmes invoquaient la fille du puissant Jupiter, Hector s'avançait vers les demeures de Pâris, demeures somptueuses

Βῆ δὲ ἰέναι,	Or elle marcha pour aller
πολλαὶ δὲ γεραιαὶ μετεσσεύοντο.	et beaucoup de matrones-vénérables suivaient-de-près.
Ὅτε δὲ αἱ ἵκανον	Or lorsque celles-ci furent venues
νηὸν Ἀθήνης	au temple de Minerve
ἐν πόλει ἄκρῃ,	dans la ville haute,
Θεανὼ καλλιπάρῃος,	Théano aux-belles-joues,
Κισσηὶς, ἄλοχος Ἀντήνορος ἱπποδάμοιο,	fille-de-Cissée, épouse d'Antenor qui-dompte-les-chevaux,
ᾦξε θύρας τῇσι·	ouvrit les portes à elles;
Τρῶες γὰρ ἔθηκαν τὴν ἱέρειαν Ἀθηναίης.	car les Troyens établirent elle prêtresse de Minerve.
Αἱ δὲ πᾶσαι ἀνέσχον Ἀθήνῃ χεῖρας ὀλολυγῇ.	Or elles toutes élevèrent à Minerve les mains avec un cri-lugubre.
Ἄρα δὲ ἡ Θεανὼ καλλιπάρῃος, ἑλοῦσα πέπλον,	Et donc Théano aux-belles-joues, ayant pris le voile,
θῆκεν ἐπὶ γούνασιν Ἀθηναίης ἠϋκόμοιο·	le plaça sur les genoux de Minerve à la-belle-chevelure;
εὐχομένη δὲ ἠρᾶτο κούρῃ Διὸς μεγάλοιο·	puis priant elle implora la fille de Jupiter grand :
« Ἀθηναίη πότνια, ἐρυσίπτολι,	« Minerve vénérable, protectrice-de-la-ville,
δῖα θεάων,	divine parmi les déesses,
ἄξον δὴ ἔγχος Διομήδεος,	brise enfin la lance de Diomède,
ἠδὲ δὸς καὶ αὐτὸν πεσέειν πρηνέα προπάροιθε πυλάων Σκαιῶν·	et accorde aussi lui-même être tombé renversé devant les portes Scées,
ὄφρα αὐτίκα νῦν ἱερεύσομεν τοὶ ἐνὶ νηῷ δυοκαίδεκα βοῦς ἤνις, ἠκέστας,	afin que aussitôt maintenant nous sacrifiions à toi dans le temple douze génisses d'une-année, non-encore-aiguillonnées,
αἴ κεν ἐλεήσῃς ἄστυ τε καὶ ἀλόχους καὶ νήπια τέκνα Τρώων. »	si tu as pris-en-pitié et la ville et les épouses et les jeunes enfants des Troyens. »
Ἔφατο ὣς εὐχομένη·	Elle parla ainsi en priant;
Παλλὰς δὲ Ἀθήνη ἀνένευεν.	mais Pallas Minerve refusa.
Ὣς ῥα μὲν αἱ εὔχοντο κούρῃ Διὸς μεγάλοιο·	Ainsi donc à la vérité celles-là priaient la fille de Jupiter grand.
Ἕκτωρ δὲ βεβήκει πρὸς δώματα καλὰ Ἀλεξάνδροιο,	Mais Hector était allé vers les demeures belles de Pâris,

καλά, τά ῥ' αὐτὸς ἔτευξε σὺν ἀνδράσιν, οἳ τότ' ἄριστοι
ἦσαν ἐνὶ Τροίῃ ἐριβώλακι τέκτονες ἄνδρες·   315
οἵ οἱ ἐποίησαν θάλαμον καὶ δῶμα καὶ αὐλήν,
ἐγγύθι τε Πριάμοιο καὶ Ἕκτορος, ἐν πόλει ἄκρῃ.
Ἔνθ' Ἕκτωρ εἰςῆλθε Διῒ φίλος· ἐν δ' ἄρα χειρὶ
ἔγχος ἔχ' ἑνδεκάπηχυ· πάροιθε δὲ λάμπετο δουρὸς
αἰχμὴ χαλκείη, περὶ δὲ χρύσεος θέε πόρκης.   320
Τὸν δ' εὗρ' ἐν θαλάμῳ περικαλλέα τεύχε' ἔποντα,
ἀσπίδα καὶ θώρηκα καὶ ἀγκύλα τόξ' ἀφόωντα·
Ἀργείη δ' Ἑλένη μετ' ἄρα δμωῇσι γυναιξὶν
ἧστο, καὶ ἀμφιπόλοισι περικλυτὰ ἔργα κέλευε.
Τὸν δ' Ἕκτωρ νείκεσσεν ἰδὼν αἰσχροῖς ἐπέεσσι·   325
« Δαιμόνι', οὐ μὲν καλὰ χόλον τόνδ' ἔνθεο θυμῷ.
Λαοὶ μὲν φθινύθουσι, περὶ πτόλιν αἰπύ τε τεῖχος
μαρνάμενοι· σέο δ' εἵνεκ' ἀϋτή τε πτόλεμός τε
ἄστυ τόδ' ἀμφιδέδηε· σὺ δ' ἂν μαχέσαιο καὶ ἄλλῳ,
εἴ τινά που μεθιέντα ἴδοις στυγεροῦ πολέμοιο.   330
Ἀλλ' ἄνα, μὴ τάχα ἄστυ πυρὸς δηΐοιο θέρηται. »

élevées par lui-même à l'aide des plus habiles artistes de l'opulente Ilion, qui avaient construit une chambre nuptiale, des appartements et un vestibule non loin des palais de Priam et d'Hector. C'est dans ces lieux qu'entra Hector chéri de Jupiter : à la main, il portait sa lance, longue de onze coudées, dont la pointe d'airain brillait au loin, et qu'un cercle d'or entourait. Il trouva, dans la chambre nuptiale, son frère occupé à polir ses armes élégantes, le bouclier, la cuirasse et l'arc recourbé ; tandis qu'Hélène, assise au milieu de ses femmes esclaves, dirigeait leurs industrieux travaux. Hector, à la vue de son frère, lui adressa ces reproches sanglants :

« Malheureux ! il ne t'est point honorable d'avoir laissé pénétrer la colère dans ton cœur. Les peuples périssent autour d'Ilion en combattant sous nos murailles élevées ; et toi-même tu accablerais de reproches tout Troyen que tu verrais se dérober à cette périlleuse mêlée. Lève-toi donc : peut-être Troie va-t-elle se voir dévorée par l'incendie ! »

τὰ αὐτός ῥα ἔτευξε	que lui-même certes construisit
σὺν ἀνδράσιν, οἳ τότε ἦσαν	avec des hommes, qui alors étaient
ἄνδρες τέκτονες ἄριστοι	les hommes ouvriers les plus habiles
ἐνὶ Τροίῃ ἐριβώλακι·	dans Troie fertile ;
οἳ ἐποίησάν οἱ θάλαμον	lesquels firent à lui une chambre,
καὶ δῶμα καὶ αὐλήν,	et un palais et une cour,
ἐγγύθι τε Πριάμοιο καὶ Ἕκτορος	près de et Priam et Hector
ἐν πόλει ἄκρῃ.	dans la ville haute.
Ἔνθα εἰςῆλθεν Ἕκτωρ	Là entra Hector,
φίλος Διΐ·	cher à Jupiter,
ἔχε δὲ ἐν χειρὶ	or donc il avait dans la main
ἔγχος ἑνδεκάπηχυ·	une lance de-onze-coudées ;
αἰχμὴ δὲ χαλκείη δουρὸς	et la pointe d'-airain de la lance
λάμπετο πάροιθε,	brillait en avant,
περὶ δὲ θέε πόρκης χρύσεος.	et autour courait un anneau d'-or.
Εὗρε δὲ τὸν ἐν θαλάμῳ	Or il trouva lui dans la chambre
ἔποντα τεύχεα περικαλλέα,	soignant *ses* armes très-belles,
ἀφόωντα ἀσπίδα	maniant le bouclier
καὶ θώρηκα καὶ τόξα ἀγκύλα·	et la cuirasse et les arcs recourbés ;
Ἑλένη δὲ Ἀργείη ἄρα ἧστο	mais Hélène d'Argos donc était assise
μετὰ γυναιξὶ δμωῇσι,	au milieu des femmes esclaves,
καὶ κέλευεν ἀμφιπόλοισιν	et elle ordonnait aux suivantes
ἔργα περικλυτά.	des travaux remarquables.
Ἕκτωρ δὲ ἰδὼν τὸν	Or Hector ayant vu celui-là
νείκεσσεν ἐπέεσσιν αἰσχροῖς·	réprimanda en termes humiliants.
« Δαιμόνιε, οὐ μὲν ἔνθεο	« Malheureux, tu n'as pas mis
καλὰ τόνδε χόλον θυμῷ.	bien cette colère dans *ton* cœur.
Λαοὶ μὲν φθινύθουσι,	En vérité les peuples périssent,
μαρνάμενοι περὶ πτόλιν	combattant autour de la ville
τεῖχός τε αἰπύ·	et de la muraille élevée ;
ἀϋτὴ δέ τε πτόλεμός τε	et le cri de guerre et le combat
ἀμφιδέδηε τόδε ἄστυ	s'est embrasé autour de cette ville
εἵνεκα σέο· σὺ δὲ	à cause de toi ; et toi
ἂν μαχέσαιο καὶ ἄλλῳ,	tu gourmanderais même un autre,
εἰ ἴδοις που	si tu voyais quelque part
τινὰ μεθιέντα	quelqu'un abandonnant
πολέμοιο στυγεροῦ.	le combat horrible.
Ἀλλὰ ἄνα, μὴ	Mais lève-toi, de peur que
ἄστυ θέρηται τάχα	la ville ne soit brûlée bientôt
πυρὸς δηίοιο. »	du feu ennemi.

Τὸν δ' αὖτε προσέειπεν Ἀλέξανδρος θεοειδής·
« Ἕκτορ, ἐπεί με κατ' αἶσαν ἐνείκεσας, οὐδ' ὑπὲρ αἶσαν,
τοὔνεκά τοι ἐρέω· σὺ δὲ σύνθεο, καί μευ ἄκουσον·
οὔτοι ἐγὼ Τρώων τόσσον χόλῳ, οὐδὲ νεμέσσει,   335
ἥμην ἐν θαλάμῳ, ἔθελον δ' ἄχεϊ προτράπεσθαι.
Νῦν δέ με παρειποῦσ' ἄλοχος μαλακοῖς ἐπέεσσιν,
ὥρμησ' ἐς πόλεμον· δοκέει δέ μοι ὧδε καὶ αὐτῷ
λώϊον ἔσσεσθαι· νίκη δ' ἐπαμείβεται ἄνδρας.
Ἀλλ' ἄγε νῦν ἐπίμεινον, Ἀρήϊα τεύχεα δύω·   340
ἢ ἴθ', ἐγὼ δὲ μέτειμι· κιχήσεσθαι δέ σ' ὀΐω. »
Ὣς φάτο· τὸν δ' οὔτι προσέφη κορυθαίολος Ἕκτωρ.
Τὸν δ' Ἑλένη μύθοισι προσηύδα μειλιχίοισι·
« Δᾶερ ἐμεῖο, κυνὸς κακομηχάνου, ὀκρυοέσσης,
ὥς μ' ὄφελ' ἤματι τῷ, ὅτε με πρῶτον τέκε μήτηρ,   345
οἴχεσθαι προφέρουσα κακὴ ἀνέμοιο θύελλα
εἰς ὄρος, ἢ εἰς κῦμα πολυφλοίσβοιο θαλάσσης·
ἔνθα με κῦμ' ἀπόερσε, πάρος τάδε ἔργα γενέσθαι.
Αὐτὰρ ἐπεὶ τάδε γ' ὧδε θεοὶ κακὰ τεκμήραντο,

Pâris, aussi beau qu'un dieu, répondit en ces mots : « Hector! puisque tes reproches, fondés sur la justice, n'en franchissent pas les bornes, je vais te répondre ; toi, sois attentif en m'écoutant. Ce n'est pas seulement la colère et l'indignation contre les Troyens qui m'ont retenu oisif dans la chambre nuptiale : je m'y plaisais à m'abandonner à ma douleur ; mais en ce moment même, mon épouse, par de flatteuses et persuasives paroles, m'engage à retourner au combat, et je pense, comme elle, que ce sera le meilleur parti : la victoire change souvent de favoris. Allons ! attends que je me sois revêtu de mon armure ; ou pars : je te suivrai, et t'aurai bientôt atteint, je l'espère. »

Il dit ; Hector, au casque brillant, ne lui fit aucune réponse ; mais Hélène lui adressa ces douces paroles :

« O toi ! frère d'une femme qui, pour n'avoir pas su rougir, est la cause détestable de tant de misères ! Qu'il m'eût été avantageux, le jour où ma mère m'enfanta, d'être emportée par un tempétueux tourbillon de vent au sein de la montagne, ou plutôt dans les flots de la mer en fureur ! Là une vague m'aurait engloutie avant que toutes ces choses se fussent accomplies ; mais puisque les dieux avaient résolu tant de

Λῦτε δὲ Ἀλέξανδρος θεοειδὴς προσέειπε τόν ·	Or à son tour Pâris, à-la-forme-divine, répondit à lui :
« Ἕκτορ, ἐπεὶ ἐνείκεσάς με κατὰ αἶσαν,	«Hector, puisque tu as gourmandé moi selon la convenance,
οὐδὲ ὑπὲρ αἶσαν,	et non au delà de la convenance,
τοὔνεκα ἐρέω τοι ·	à cause de cela je dirai à toi ;
σὺ δὲ σύνθεο,	mais toi fais-attention
καὶ ἄκουσόν μευ ·	et écoute-moi :
Οὔ τοι ἥμην τόσσον	Certes moi je n'étais pas assis tant
ἐν θαλάμῳ χόλῳ,	dans la chambre par colère [Troyens,
οὐδὲ νεμέσσει Τρώων,	ni par ressentiment des (contre les)
ἔθελον δὲ προτραπέσθαι ἄχει.	mais je voulais me livrer à la douleur.
Νῦν δὲ ἄλοχος	Mais maintenant mon épouse
παρειποῦσα ἐπέεσσι μαλακοῖς	ayant exhorté par paroles douces
ὥρμησέ με ἐς πόλεμον ·	a poussé moi au combat ;
δοκέει δέ μοι αὐτῷ καὶ	et il semble à moi-même aussi
ἔσσεσθαι λώϊον ὧδε ·	devoir être mieux ainsi ; [guerriers.
νίκη δὲ ἐπαμείβεται ἄνδρας.	car la victoire suit-tour-à-tour les
Ἀλλὰ ἄγε, ἐπίμεινον νῦν,	Mais allons, attends maintenant,
δύω τεύχεα Ἀρήϊα ·	que je revête les armes martiales;
ἢ ἴθι, ἐγὼ δὲ μέτειμι ·	ou va, et moi je suivrai;
ὀΐω δὲ κιχήσεσθαί σε »	or je pense devoir atteindre toi. »
Φάτο ὥς · Ἕκτωρ δὲ κορυθαίολος	Il parla ainsi ; mais Hector, au-casque-s'agitant,
οὐ προσέφη τι τόν.	ne répondit pas quelque chose à lui.
Ἑλένη δὲ προσηύδα τὸν μύθοισι μειλιχίοισι ·	Puis Hélène s'adressa à lui avec des paroles de-miel :
« Δᾶερ ἐμεῖο,	« Beau-frère de moi,
κυνὸς κακομηχάνου,	chienne machinatrice-de-malheurs,
ὀκρυοέσσης, ὡς τῷ ἤματι,	femme horrible, comme dans ce jour
ὅτε μήτηρ πρῶτον τέκε με,	lorsque ma mère d'abord enfanta moi
θύελλα κακὴ ἀνέμοιο	une tempête mauvaise de vent
ὤφελεν οἴχεσθαι	eut dû disparaître
προφέρουσα ἐς ὄρος	m'emportant sur une montagne
ἢ εἰς κῦμα θαλάσσης	ou dans le flot de la mer
πολυφλοίσβοιο ·	au-loin-retentissante !
ἔνθα κῦμα ἀπόερσέ με,	Alors le flot eût entraîné moi,
πάρος τάδε ἔργα γενέσθαι.	avant ces actions avoir été.
Αὐτὰρ ἐπεί γε οἱ θεοὶ	Mais puisque certes les dieux
τεκμήραντο ὧδε τάδε κακά,	ont résolu ainsi ces maux,

ἀνδρὸς ἔπειτ' ὤφελλον ἀμείνονος εἶναι ἄκοιτις, 350
ὃς ᾔδη νέμεσίν τε καὶ αἴσχεα πόλλ' ἀνθρώπων.
Τούτῳ δ' οὔτ' ἀρ νῦν φρένες ἔμπεδοι, οὔτ' ἄρ' ὀπίσσω
ἔσσονται· τῷ καί μιν ἐπαυρήσεσθαι ὀΐω.
Ἀλλ' ἄγε νῦν εἴσελθε, καὶ ἕζεο τῷδ' ἐπὶ δίφρῳ,
δᾶερ, ἐπεί σε μάλιστα πόνος φρένας ἀμφιβέβηκεν 355
εἵνεκ' ἐμεῖο κυνὸς καὶ Ἀλεξάνδρου ἕνεκ' ἄτης·
οἷσιν ἐπὶ Ζεὺς θῆκε κακὸν μόρον, ὡς καὶ ὀπίσσω
ἀνθρώποισι πελώμεθ' ἀοίδιμοι ἐσσομένοισι. »
   Τὴν δ' ἠμείβετ' ἔπειτα μέγας κορυθαίολος Ἕκτωρ·
« Μή με κάθιζ', Ἑλένη, φιλέουσά περ· οὐδέ με πείσεις. 360
Ἤδη γάρ μοι θυμὸς ἐπέσσυται, ὄφρ' ἐπαμύνω
Τρώεσσ', οἳ μέγ' ἐμεῖο ποθὴν ἀπεόντος ἔχουσιν·
ἀλλὰ σύ γ' ὄρνυθι τοῦτον, ἐπειγέσθω δὲ καὶ αὐτός,
ὥς κεν ἔμ' ἔντοσθεν πόλιος καταμάρψῃ ἐόντα.
Καὶ γὰρ ἐγὼν οἶκόνδ' ἐσελεύσομαι, ὄφρα ἴδωμαι 365
οἰκῆας ἄλοχόν τε φίλην καὶ νήπιον υἱόν.
Οὐ γάρ τ' οἶδ' εἰ ἔτι σφιν ὑπότροπος ἵξομαι αὖτις,
ἢ ἤδη μ' ὑπὸ χερσὶ θεοὶ δαμόωσιν Ἀχαιῶν. »

désastres, du moins j'aurais dû être l'épouse d'un guerrier plus brave, qui fût sensible à l'indignation et aux nombreux reproches des hommes. Mais celui-ci est dépourvu d'une âme ferme; il le sera toujours; et je pense qu'un jour il en portera la peine. Cependant, mon frère, entre et repose-toi sur ce siége; car ton âme succombe accablée de fatigues, à cause de moi, misérable, et pour le crime de Pâris, nous à qui Jupiter a imposé une honteuse destinée, afin que dans les siècles futurs nous devenions l'objet des railleries des hommes. »

Le grand Hector, au casque éblouissant, lui répondit : « Ne me propose pas le repos, ô Hélène! tu m'es chère, mais tu ne pourras pas me persuader : ce qui me presse à cette heure, c'est de voler au secours des Troyens impatients de mon absence. Pour toi, anime Pâris; qu'il se hâte de me rejoindre, tandis que je serai encore dans la ville; car je vais à ma demeure revoir mes serviteurs fidèles, mon épouse tendrement aimée et mon jeune fils : sais-je si je retournerai encore une fois auprès d'eux, ou si les dieux me feront succomber aujourd'hui sous les coups des Grecs? »

ὤφελλον ἔπειτα εἶναι ἄκοιτις   je devais ensuite être l'épouse
ἀνδρὸς ἀμείνονος,   d'un homme meilleur,
ὃς ᾔδη νέμεσίν τε   qui eût su et l'indignation
καὶ αἴσχεα πολλὰ ἀνθρώπων   et les affronts nombreux des hommes
Ἄρα δὲ νῦν φρένες   Mais certes aujourd'hui les esprits
οὔτε ἔμπεδοι τούτῳ   ne *sont* pas fermes à celui-ci,
οὔτε ἄρα ἔσσονται ὀπίσσω·   et certes ne seront pas dans la suite
τῷ καὶ ὀΐω μιν ἐπαυρήσεσθαι.   par là aussi je crois lui devoir *en* jouir.
Ἀλλὰ ἄγε, εἴσελθε νῦν,   Mais allons, entre maintenant,
καὶ ἕζεο ἐπὶ τῷδε δίφρῳ,   et assieds-toi sur ce siége,
δάερ, ἐπεὶ πόνος   beau-frère, puisque la fatigue
ἀμφιβέβηκέ σε μάλιστα φρένας   a enveloppé toi surtout à l'âme,
εἵνεκα ἐμεῖο κυνὸς   à cause de moi chienne
καὶ ἕνεκα ἄτης Ἀλεξάνδρου   et à cause de la faute de Pâris;
οἷσι Ζεὺς ἐπέθηκε   *nous* à qui Jupiter a imposé
μόρον κακὸν,   une destinée mauvaise,
ὡς καὶ ὀπίσσω   afin que même dans la suite
πελώμεθα ἀοίδιμοι   nous soyons tristement-fameux
ἀνθρώποισιν ἐσσομένοισιν. »   aux hommes devant être.

 Ἔπειτα δὲ μέγας Ἕκτωρ   Alors ensuite le grand Hector,
κορυθαίολος ἠμείβετο τήν·   au-casque-s'agitant, répondit à elle :
« Μὴ κάθιζέ με, Ἑλένη,   « Ne fais-pas-asseoir moi, Hélène,
φιλέουσά περ·   quoique m'aimant ;
οὐδὲ πείσεις με.   et tu ne persuaderas pas moi.
Ἤδη γὰρ θυμὸς ἐπέσσυταί μοι,   Car déjà le cœur est excité à moi,
ὄφρα ἀπαμύνω Τρώεσσιν,   afin que je secoure les Troyens,
οἳ ἔχουσι μέγα ποθὴν   qui ont grandement regret
ἐμεῖο ἀπεόντος.   de moi absent.
Ἀλλὰ σύγε ὄρνυθι τοῦτον,   Mais toi du moins excite celui-ci,
αὐτὸς δὲ καὶ ἐπειγέσθω,   et *que* lui-même aussi se hâte,
ὥς κε καταμάρψῃ ἐμὲ ἐόντα   afin qu'il rejoigne moi étant
ἔντοσθεν πόλιος.   en dedans de la ville.
Καὶ γὰρ ἐγὼν ἐσελεύσομαι οἶκόνδε, En effet moi j'irai chez moi,
ὄφρα ἴδωμαι οἰκῆας   afin que je voie les gens-de-la maison
ἄλοχόν τε φίλην   et une épouse chérie,
καὶ υἱὸν νήπιον.   et un fils jeune.
Οὔτε γὰρ οἶδα εἰ ἵξομαι   Car je ne sais pas si je viendrai
ὑπότροπος ἔτι αὖτις σφιν,   retournant encore de nouveau à eux,
ἢ ἤδη θεοί δαμόωσί με   ou *si* déjà les dieux dompteront moi
ὑπὸ χερσὶν Ἀχαιῶν. »   sous les mains des Achéens. »

ΙΛΙΑΔΟΣ Ζ.

Ὣς ἄρα φωνήσας, ἀπέβη κορυθαίολος Ἕκτωρ.
Αἶψα δ' ἔπειθ' ἵκανε δόμους εὐναιετάοντας,   370
οὐδ' εὗρ' Ἀνδρομάχην λευκώλενον ἐν μεγάροισιν·
ἀλλ' ἥγε, ξὺν παιδὶ καὶ ἀμφιπόλῳ εὐπέπλῳ,
πύργῳ ἐφεστήκει γοόωσά τε μυρομένη τε.
Ἕκτωρ δ' ὡς οὐκ ἔνδον ἀμύμονα τέτμεν ἄκοιτιν,
ἔστη ἐπ' οὐδὸν ἰών, μετὰ δὲ δμωῇσιν ἔειπεν·   375
« Εἰ δ' ἄγε μοι, δμωαί, νημερτέα μυθήσασθε·
πῇ ἔβη Ἀνδρομάχη λευκώλενος ἐκ μεγάροιο;
ἠέ πῃ ἐς γαλόων, ἢ εἰνατέρων εὐπέπλων,
ἢ ἐς Ἀθηναίης ἐξοίχεται, ἔνθα περ ἄλλαι
Τρῳαὶ ἐϋπλόκαμον δεινὴν θεὸν ἱλάσκονται; »   380
Τὸν δ' αὖτ' ὀτρηρὴ ταμίη πρὸς μῦθον ἔειπεν·
« Ἕκτορ, ἐπεὶ μάλ' ἄνωγας ἀληθέα μυθήσασθαι,
οὔτε πῃ ἐς γαλόων, οὔτ' εἰνατέρων εὐπέπλων,
οὔτ' ἐς Ἀθηναίης ἐξοίχεται, ἔνθα περ ἄλλαι
Τρῳαὶ ἐϋπλόκαμον δεινὴν θεὸν ἱλάσκονται·   385
ἀλλ' ἐπὶ πύργον ἔβη μέγαν Ἰλίου, οὕνεκ' ἄκουσε
τείρεσθαι Τρῶας, μέγα δὲ κράτος εἶναι Ἀχαιῶν.
Ἡ μὲν δὴ πρὸς τεῖχος ἐπειγομένη ἀφικάνει,

A ces mots, le valeureux Hector s'éloigne, et ne tarde pas à parvenir à son palais; mais il n'y trouve pas la belle Andromaque, qui, avec son fils et une esclave couverte d'un voile gracieux, était sur la tour, gémissante et baignée de pleurs. Hector, n'ayant pas rencontré sa chaste épouse dans les appartements, s'arrêta, en sortant, sur le seuil du palais, et s'adressant aux femmes :

« Esclaves, dites-moi la vérité. Où est allée hors du palais la belle Andromaque? chez une de mes sœurs ou des épouses de mes frères? ou bien au temple de Minerve, où les autres Troyennes à la belle chevelure invoquent cette redoutable divinité?

L'intendante fidèle lui répond : « Hector, puisque tu nous commandes de dire la vérité, Andromaque n'est ni chez une de tes sœurs, ni chez une des épouses de tes frères, ni au temple de Minerve, où les autres Troyennes à la belle chevelure invoquent cette redoutable divinité : elle est allée à la haute tour d'Ilion, parce qu'elle a appris la déroute des Troyens et l'impétueuse attaque des Grecs; elle courait

Ἄρα φωνήσας ὥς,	Donc, ayant parlé ainsi,
Ἕκτωρ κορυθαίολος ἀπέβη·	Hector au-casque-s'agitant s'en alla
αἶψα δὲ ἔπειτα ἵκανε	et aussitôt ensuite il alla
δόμους εὐναιετάοντας,	à *ses* demeures bien-habitées,
οὐδὲ εὗρεν ἐν μεγάροισιν	et ne trouva pas dans les palais
Ἀνδρομάχην λευκώλενον·	Andromaque aux-bras-blancs ;
ἀλλὰ ἥγε ξὺν παιδὶ	mais celle-ci avec *son* enfant
καὶ ἀμφιπόλῳ εὐπέπλῳ	et une suivante au-beau-voile,
ἐφεστήκει πύργῳ	se tenait sur une tour
γοόωσά τε μυρομένη τε.	et gémissant et se lamentant.
Ὡς δὲ Ἕκτωρ οὐ τέτμεν ἔνδον	Comme Hector ne trouva pas dedans
ἄκοιτιν ἀμύμονα,	*son* épouse irréprochable,
ἰὼν ἐπὶ οὐδὸν ἔστη,	étant allé sur le seuil il s'arrêta,
ἔειπε δὲ μετὰ δμωῇσιν·	et dit parmi les servantes :
« Εἰ δ' ἄγε, δμωαί,	« Eh ! allons, servantes,
μυθήσασθέ μοι νημερτέα·	ayez dit à moi des choses vraies ;
πῇ ἔβη ἐκ μεγάροιο	où est allée hors du palais
Ἀνδρομάχη λευκώλενος ;	Andromaque aux-bras-blancs ?
ἠὲ ἐξοίχεταί πῃ	Est-ce qu'elle est allée quelque-part,
ἐς γαλόων,	chez *mes* sœurs,
ἢ εἰνατέρων εὐπέπλων,	ou *mes* belles-sœurs au-beau-voile,
ἢ ἐς Ἀθηναίης,	ou dans *le temple* de Minerve,
ἔνθαπερ ἄλλαι Τρωαὶ ἱλάσκονται	où d'autres Troyennes apaisent
θεὸν δεινὴν ἐϋπλόκαμον; »	la déesse terrible à-la-belle-chevelure?»
Αὖτε δὲ ταμίη ὀτρηρὴ	Or ensuite l'intendante active
προσέειπε μῦθον τόν·	adressa *ce* discours à lui :
« Ἕκτορ, ἐπεὶ ἄνωγας μάλα	«Hector, puisque tu ordonnes surtout
μυθήσασθαι ἀληθέα,	avoir dit des choses-vraies,
οὔτε ἐξοίχεταί πῃ	elle n'est pas sortie quelque-part
ἐς γαλόων,	ni chez *tes* sœurs,
οὔτε εἰνατέρων εὐπέπλων,	ni *tes* belles-sœurs au-beau-voile,
οὔτε ἐς Ἀθηναίης,	ni dans *le temple* de Minerve,
ἔνθαπερ ἄλλαι Τρωαὶ ἱλάσκονται	où d'autres Troyennes apaisent
θεὸν δεινὴν ἐϋπλόκαμον·	la déesse terrible à-la-belle-chevelure;
ἀλλὰ ἔβη ἐπὶ μέγαν πύργον	mais elle est allée vers la grande tour
Ἰλίου, οὕνεκα ἄκουσε	d'Ilion, parce qu'elle a entendu-dire
Τρῶας τείρεσθαι,	les Troyens être pressés,
κράτος δὲ Ἀχαιῶν εἶναι μέγα.	et la force des Achéens être grande.
Ἥ μὲν δὴ ἐπειγομένη	Elle-même donc se hâtant,
ἀφικάνει πρὸς τεῖχος,	parvient à la muraille,

μαινομένῃ εἰκυῖα· φέρει δ' ἅμα παῖδα τιθήνη. »

Ἢ ῥα γυνὴ ταμίη· ὁ δ' ἀπέσσυτο δώματος Ἕκτωρ, 390
τὴν αὐτὴν ὁδὸν αὖτις, ἐϋκτιμένας κατ' ἀγυιάς.
Εὖτε πύλας ἵκανε, διερχόμενος μέγα ἄστυ,
Σκαιάς (τῇ γὰρ ἔμελλε διεξίμεναι πεδίονδε)
ἔνθ' ἄλοχος πολύδωρος ἐναντίη ἦλθε θέουσα,
Ἀνδρομάχη, θυγάτηρ μεγαλήτορος Ἠετίωνος, 395
Ἠετίων, ὃς ἔναιεν ὑπὸ Πλάκῳ ὑληέσσῃ,
Θήβῃ Ὑποπλακίῃ, Κιλίκεσσ' ἀνδρεσσιν ἀνάσσων·
τοῦπερ δὴ θυγάτηρ ἔχεθ' Ἕκτορι χαλκοκορυστῇ.
Ἥ οἱ ἔπειτ' ἤντησ', ἅμα δ' ἀμφίπολος κίεν αὐτῇ,
παῖδ' ἐπὶ κόλπῳ ἔχουσ' ἀταλάφρονα, νήπιον αὔτως, 400
Ἑκτορίδην ἀγαπητόν, ἀλίγκιον ἀστέρι καλῷ·
τόν ῥ' Ἕκτωρ καλέεσκε Σκαμάνδριον, αὐτὰρ οἱ ἄλλοι
Ἀστυάνακτ'· οἶος γὰρ ἐρύετο Ἴλιον Ἕκτωρ.
Ἤτοι ὁ μὲν μείδησεν ἰδὼν ἐς παῖδα σιωπῇ·
Ἀνδρομάχη δέ οἱ ἄγχι παρίστατο δακρυχέουσα, 405
ἔν τ' ἄρα οἱ φῦ χειρί, ἔπος τ' ἔφατ', ἔκ τ' ὀνόμαζε·

« Δαιμόνιε, φθίσει σε τὸ σὸν μένος· οὐδ' ἐλεαίρεις
παῖδά τε νηπίαχον, καὶ ἔμ' ἄμμορον, ἢ τάχα χήρη

vers nos murailles comme une femme égarée; près d'elle, la nourrice portait ton jeune fils. »

A ce récit, Hector sort rapidement du palais, et reprend le même chemin à travers les rues bordées de superbes édifices; et quand, après avoir parcouru la ville immense, il arrive aux portes de Scées, car c'est par là qu'il devait entrer dans la plaine, alors accourt au devant de lui Andromaque, la fille richement dotée du magnanime Éétion. Éétion, qui, dans l'Hypoplacie couverte de forêts, habita la ville de Thèbe Hypoplacienne et régna sur les Ciliciens, avait uni sa fille au vaillant Hector. Lorsqu'elle vint à la rencontre de son époux, une esclave l'accompagnait, portant sur son sein un tendre enfant, aimable rejeton d'Hector, aussi beau qu'un astre brillant. Son père l'appelait Scamandrius, mais les autres Troyens lui donnaient le nom d'Astyanax : car Hector était le seul soutien d'Ilion. Le héros sourit, en attachant en silence ses regards sur son fils. Andromaque, qui s'est arrêtée auprès de lui, baignée de larmes, lui saisit la main, et lui parle en ces termes:
« Infortuné, ton courage te perdra; et tu n'as pitié ni de ton fils encore jeune, ni de moi, ta malheureuse épouse, qui bientôt serai ta

εἰκυῖα μαινομένῃ,	semblable à une furieuse,
τιθήνη δὲ φέρει ἅμα παῖδα. »	et la nourrice porte ensemble l'enfant. »
Γυνή ῥα ταμίη ἦ ·	Donc la femme intendante parla ;
ὁ δὲ Ἕκτωρ ἀπέσσυτο δώματος,	et Hector se précipita du palais,
αὖτις τὴν αὐτὴν ὁδὸν,	de nouveau par le même chemin,
κατὰ ἀγυιὰς ἐϋκτιμένας.	à travers les rues bien-bâties.
Εὖτε ἵκανε πύλας Σκαιὰς,	Lorsqu'il fut arrivé aux portes Scées,
διερχόμενος ἄστυ μέγα,	traversant la ville grande
(ἔμελλε γὰρ διεξίμεναι	(car il devait sortir
τῇ πεδίονδε,)	par là dans la plaine),
ἔνθα ἦλθεν ἐναντίη θέουσα	alors vint à sa-rencontre en courant
ἄλοχος πολύδωρος Ἀνδρομάχη,	*son* épouse bien-dotée, Andromaque,
θυγάτηρ Ἠετίωνος μεγαλήτορος,	fille d'Eétion magnanime ;
Ἠετίων ὃς ἔναιεν	Eétion qui habitait
ὑπὸ Πλάκῳ ὑληέσσῃ,	sous le Placus couvert-de-forêts,
Θήβῃ Ὑποπλακίῃ,	à Thèbe hypoplacienne,
ἀνάσσων ἄνδρεσσι Κιλίκεσσι ·	régnant sur des hommes Ciliciens ;
δὴ θυγάτηρ τοῦπερ ἔχετο	or la fille de celui-ci était possédée
Ἕκτορι χαλκοκορυστῇ.	par Hector au-casque-d'airain.
Ἔπειτα ἣ ἤντησέν οἱ,	Ensuite celle-ci vint au-devant de lui,
ἀμφίπολος δὲ κίεν ἅμα αὐτῇ,	et une suivante marchait avec elle,
ἔχουσα ἐπὶ κόλπῳ	ayant sur *son* sein
παῖδα ἀταλάφρονα	l'enfant tendre
αὕτως νήπιον,	tout-à-fait jeune,
Ἑκτορίδην ἀγαπητὸν,	fils-d'Hector bien-aimé,
ἀλίγκιον ἀστέρι καλῷ ·	semblable à un astre beau.
Ἕκτωρ ῥα καλέεσκε τὸν	Hector donc appelait lui
Σκαμάνδριον,	Scamandrius,
αὐτὰρ οἱ ἄλλοι Ἀστυάνακτα ·	mais les autres Astyanax ;
Ἕκτωρ γὰρ ἐρύετο οἶος Ἴλιον	car Hector protégeait seul Ilion.
Ἤτοι μὲν ὁ μείδησεν,	A la vérité donc celui-ci sourit,
ἰδὼν σιωπῇ ἐς παῖδα ·	ayant regardé en silence vers l'enfant.
Ἀνδρομάχη δὲ παρίστατο ἄγχι οἱ	Or Andromaque se tenait près de lui,
δακρυχέουσα,	en versant-des-larmes,
ἄρα τε ἐνέφυ οἱ χειρί,	et donc elle s'attacha à lui par la main,
ἔφατό τε ἔπος ἐξονόμαζέ τε ·	et dit *ces* paroles et parla *ainsi* :
« Δαιμόνιε, τὸ σὸν μένος φθίσει σε ·	« Infortuné, ton courage perdra toi ;
οὐδὲ ἐλεαίρεις	tu ne prends-pas-en-pitié
παῖδά τε νηπίαχον,	et ton fils en-bas-âge,
καὶ ἐμὲ ἄμμορον,	et moi malheureuse.

σεῦ ἔσομαι· τάχα γάρ σε κατακτανέουσιν Ἀχαιοὶ,
πάντες ἐφορμηθέντες· ἐμοὶ δέ κε κέρδιον εἴη, 410
σεῦ ἀφαμαρτούσῃ, χθόνα δύμεναι· οὐ γὰρ ἔτ' ἄλλη
ἔσται θαλπωρὴ, ἐπεὶ ἂν σύγε πότμον ἐπίσπῃς,
ἀλλ' ἄχε'· οὐδέ μοί ἐστι πατὴρ καὶ πότνια μήτηρ·
ἤτοι γὰρ πατέρ' ἀμὸν ἀπέκτανε δῖος Ἀχιλλεὺς,
ἐκ δὲ πόλιν πέρσεν Κιλίκων εὐναιετάωσαν, 415
Θήβην ὑψίπυλον· κατὰ δ' ἔκτανεν Ἠετίωνα,
οὐδέ μιν ἐξενάριξε· σεβάσσατο γὰρ τόγε θυμῷ·
ἀλλ' ἄρα μιν κατέκηε σὺν ἔντεσι δαιδαλέοισιν,
ἠδ' ἐπὶ σῆμ' ἔχεεν· περὶ δὲ πτελέας ἐφύτευσαν
Νύμφαι ὀρεστιάδες, κοῦραι Διὸς αἰγιόχοιο. 420
Οἳ δέ μοι ἑπτὰ κασίγνητοι ἔσαν ἐν μεγάροισιν,
οἱ μὲν πάντες ἰῷ κίον ἤματι Ἄϊδος εἴσω·
πάντας γὰρ κατέπεφνε ποδάρκης δῖος Ἀχιλλεὺς,
βουσὶν ἐπ' εἰλιπόδεσσι καὶ ἀργεννῆς ὀίεσσι.
Μητέρα δ', ἣ βασίλευεν ὑπὸ Πλάκῳ ὑληέσσῃ, 425
τὴν ἐπεὶ ἄρ δεῦρ' ἤγαγ' ἅμ' ἄλλοισι κτεάτεσσιν,
ἂψ ὅγε τὴν ἀπέλυσε, λαβὼν ἀπερείσι' ἄποινα·

veuve; car bientôt les Grecs t'accableront en t'attaquant tous ensemble; et quand tu m'auras été ravi, je n'aurai qu'un vœu à former, de descendre dans le sein de la terre : car après toi, plus de consolation, mais une éternelle douleur. J'ai perdu mon père et ma mère vénérable; mon père a été tué par le divin Achille, qui a pillé Thèbe, cette ville de Cilicie aux portes élevées, aux nombreux habitants; mais en immolant Éétion, il ne l'a pas dépouillé : un sentiment de respect l'en empêcha; il le fit brûler avec sa précieuse armure, et lui éleva un tombeau autour duquel les nymphes des forêts, filles de Jupiter, ont planté des ormeaux. J'avais sept frères qui habitaient notre palais; ils descendirent tous, le même jour, chez Pluton; car tous furent frappés par le divin Achille aux pieds légers, tandis qu'ils gardaient leurs bœufs pesants et leurs blanches brebis. Ma mère, reine de la verdoyante Hypoplacie, amenée dans ces lieux avec le reste du butin, recouvra la liberté en payant au vainqueur une immense rançon; mais Diane la

ἣ τάχα ἔσομαι χήρη σεῦ·	qui bientôt serai veuve de toi;
τάχα γὰρ Ἀχαιοὶ	car bientôt les Achéens
κατακτανέουσί σε,	tueront toi,
ἐφορμηθέντες πάντες·	s'étant précipités tous;
εἴη δέ κε κέρδιον ἐμοὶ,	or il serait préférable pour moi,
ἀφαμαρτούσῃ σεῦ,	étant privée de toi,
δύμεναι χθόνα·	être descendue *sous* terre:
ἄλλη γὰρ θαλπωρὴ	car une autre consolation
οὐκ ἔσται ἔτι,	ne sera plus
ἐπεὶ σύγε ἐπίσπῃς πότμον,	lorsque toi tu auras atteint la mort,
ἀλλὰ ἄχεα·	mais des douleurs *seront*;
οὐδέ ἐστί μοι πατὴρ	et il n'est plus à moi de père
καὶ μήτηρ πότνια·	et de mère vénérable;
ἤτοι γὰρ δῖος Ἀχιλλεὺς	car certes le divin Achille
ἀπέκτανεν ἐμὸν πατέρα, ἐξέπερσε δὲ	a tué mon père, et il a dévasté
πόλιν Κιλίκων εὐναιετάωσαν,	la ville des Ciciliens bien-habitée,
Θήβην ὑψίπυλον·	Thèbe aux-portes-élevées;
κατέκτανε δὲ Ἠετίωνα,	et il a tué Éétion,
οὐ δὲ ἐξενάριξέ μιν·	mais il ne dépouilla pas lui,
σεβάσσατο γὰρ τόγε θυμῷ·	car il redouta cela dans le cœur;
ἀλλὰ ἄρα κατέκηέ μιν	mais certes il brûla lui
σὺν ἔντεσι δαιδαλέοισιν,	avec ses armes bien-travaillées,
ἠδὲ ἐπέχεε σῆμα·	et éleva-par-dessus un tombeau;
Νύμφαι δὲ ὀρεστιάδες,	et les nymphes des-montagnes,
κοῦραι Διὸς αἰγιόχοιο,	filles de Jupiter, qui-porte-l'égide,
περιεφύτευσαν πτελέας.	plantèrent-à-l'entour des ormeaux.
Ἑπτὰ δὲ κασίγνητοι,	Mais les sept frères,
οἳ ἔσαν μοι ἐν μεγάροισιν,	qui étaient à moi dans les palais,
οἱ πάντες μὲν ἰῷ ἤματι	eux tous, d'une part, en un-seul jour
κίον εἴσω Ἄιδος·	allèrent chez Pluton;
δῖος γὰρ Ἀχιλλεὺς ποδάρκης	car le divin Achille aux-pieds-légers
κατέπεφνε πάντας,	*les* extermina tous
ἐπὶ βουσὶν εἰλιπόδεσσι	auprès des bœufs aux-pieds-traînants
καὶ ὀΐεσσιν ἀργεννῇς.	et des brebis blanches.
Μητέρα δέ, ἣ βασίλευεν	D'autre part *ma* mère, qui régnait
ὑπὸ Πλάκῳ ὑληέσσῃ,	au pied du Placus couvert-de-forêts,
ἐπεὶ ἄρα ἤγαγε τὴν δεῦρο	après que donc il eut amené elle ici
ἅμα ἄλλοισι κτεάτεσσιν,	en même temps que d'autres richesses,
ὅγε ἀπέλυσε τὴν ἄψ,	il délivra elle ensuite,
λαβὼν ἄποινα ἀπερείσια·	ayant reçu des rançons immenses;

πατρὸς δ' ἐν μεγάροισι βάλ' Ἄρτεμις ἰοχέαιρα.
Ἕκτορ, ἀτὰρ σύ μοί ἐσσι πατὴρ καὶ πότνια μήτηρ,
ἠδὲ κασίγνητος, σὺ δέ μοι θαλερὸς παρακοίτης. 430
Ἀλλ' ἄγε νῦν, ἐλέαιρε, καὶ αὐτοῦ μίμν' ἐπὶ πύργῳ,
μὴ παῖδ' ὀρφανικὸν θήῃς, χήρην τε γυναῖκα·
λαὸν δὲ στῆσον παρ' ἐρινεόν, ἔνθα μάλιστα
ἀμβατός ἐστι πόλις καὶ ἐπίδρομον ἔπλετο τεῖχος.
Τρὶς γὰρ τῇγ' ἐλθόντες ἐπειρήσανθ' οἱ ἄριστοι, 435
ἀμφ' Αἴαντε δύω καὶ ἀγακλυτὸν Ἰδομενῆα,
ἠδ' ἀμφ' Ἀτρείδας καὶ Τυδέος ἄλκιμον υἱόν·
ἤ πού τίς σφιν ἔνισπε θεοπροπίων εὖ εἰδώς,
ἤ νυ καὶ αὐτῶν θυμὸς ἐποτρύνει καὶ ἀνώγει. »
Τὴν δ' αὖτε προσέειπε μέγας κορυθαίολος Ἕκτωρ· 440
« Ἦ καὶ ἐμοὶ τάδε πάντα μέλει, γύναι· ἀλλὰ μάλ' αἰνῶς
αἰδέομαι Τρῶας καὶ Τρωάδας ἑλκεσιπέπλους,
αἴ κε, κακὸς ὡς, νόσφιν ἀλυσκάζω πολέμοιο·
οὐδέ με θυμὸς ἄνωγεν, ἐπεὶ μάθον ἔμμεναι ἐσθλὸς
αἰεί, καὶ πρώτοισι μετὰ Τρώεσσι μάχεσθαι, 445

perça de ses traits dans le palais de mon père O Hector ! tu es donc pour moi un père, une mère, un frère ; tu es aussi mon époux florissant de jeunesse. Laisse-toi donc toucher de pitié ; demeure ici au haut de la tour, de peur que tu ne laisses ton fils orphelin, et ton épouse dans le veuvage ; dispose tes soldats auprès du figuier sauvage, car c'est par là surtout qu'il est facile de s'approcher de la ville et d'en franchir les murailles. Parvenus en ces lieux, déjà trois fois l'escalade fut tentée par les plus vaillants des Grecs, les deux Ajax, le célèbre Idoménée, les Atrides et l'intrépide fils de Tydée, soit qu'ils suivissent les conseils d'un habile devin, soit qu'ils obéissent à l'impulsion de leur courage. »

Le grand Hector lui répondit : « Tous ces dangers m'occupent comme toi, chère épouse ; mais combien j'aurais à rougir devant les Troyens et les Troyennes aux longs voiles, si, comme un lâche, je m'éloignais des combats pour les éviter. Non ; je reçois de mon cœur d'autres inspirations : car j'ai appris à être toujours brave, et à combattre dans les premiers rangs des Troyens pour soutenir la gloire de mon père et

Ἄρτεμις δὲ ἰοχέαιρα	mais Diane qui aime-à-lancer-des-traits
βάλεν ἐν μεγάροισι πατρός.	la frappa dans les palais de *mon* père.
Ἀτὰρ σὺ, Ἕκτορ, ἐσσί μοι	Cependant toi, Hector, tu es pour moi
πατὴρ καὶ μήτηρ πότνια,	un père et une mère vénérable,
ἠδὲ κασίγνητος, μοὶ δὲ	et un frère, pour moi aussi
σὺ παρακοίτης θαλερός.	tu *es* un époux à-la-fleur-de-l'âge.
Ἀλλὰ ἄγε νῦν, ἐλέαιρε,	Mais allons maintenant, aie-pitié,
καὶ μίμνε αὐτοῦ ἐπὶ πύργῳ,	et reste ici sur la tour,
μὴ θήῃς	de peur que tu ne fasses
παῖδα ὀρφανικὸν	*ton* enfant orphelin
γυναῖκά τε χήρην·	et *ta* femme veuve.
στῆσον δὲ λαὸν	Or arrête le peuple
παρὰ ἐρινεόν,	près du figuier-sauvage,
ἔνθα πόλις ἐστὶ μάλιστα	où la ville est surtout
ἀμβατὸς,	facile-à-monter,
καὶ τεῖχος ἔπλετο ἐπίδρομον.	et où le mur est exposé-aux-incursions.
Τρὶς γὰρ ἐλθόντες τῇγε	Car trois-fois étant venus par là
οἱ ἄριστοι ἐπειρήσαντο,	les plus braves ont essayé,
ἀμφὶ δύω Αἴαντε,	autour des deux Ajax,
καὶ Ἰδομενῆα ἀγακλυτὸν,	et d'Idoménée très-célèbre,
ἠδὲ ἀμφὶ Ἀτρείδας	et autour des Atrides
καὶ υἱὸν ἄλκιμον Τυδέος·	et du fils vaillant de Tydée ;
ἤ πού τις	soit que peut-être quelqu'un
εἰδὼς εὖ θεοπροπίων	sachant bien les oracles
ἔνισπέ σφιν,	ait dit cela à eux,
ἢ καί νυ θυμὸς αὐτῶν	soit que aussi certes le courage d'eux
ἐποτρύνει καὶ ἀνώγει. »	pousse et commande. »
Αὖτε δὲ μέγας Ἕκτωρ	Et à son tour le grand Hector
κορυθαίολος προσέειπε τήν·	au-casque-s'agitant dit à elle :
« Ἦ πάντα τάδε	« Certes toutes ces-choses
μέλει καὶ ἐμοὶ, γύναι·	sont-à-soin à moi aussi, femme ;
ἀλλὰ αἰδέομαι μάλα δεινῶς	mais je crains bien terriblement
Τρῶας καὶ Τρωάδας	les Troyens et les Troyennes
ἑλκεσιπέπλους,	au-voile-traînant,
αἴ κε νόσφιν, ὡς κακὸς,	si à l'écart, comme un lâche,
ἀλυσκάζω πολέμοιο·	j'évite le combat.
θυμὸς δὲ οὐκ ἀνωγέ με,	Or le cœur ne commande pas moi,
ἐπεὶ μάθον ἔμμεναι	puisque j'ai appris à être
αἰεὶ ἐσθλὸς, καὶ μάχεσθαι	toujours brave, et à combattre
μετὰ πρώτοισι Τρώεσσιν,	avec les premiers Troyens,

4

ἀρνύμενος πατρός τε μέγα κλέος ἠδ' ἐμὸν αὐτοῦ.
Εὖ γὰρ ἐγὼ τόδε οἶδα κατὰ φρένα καὶ κατὰ θυμόν·
ἔσσεται ἦμαρ ὅτ' ἄν ποτ' ὀλώλῃ Ἴλιος ἱρὴ,
καὶ Πρίαμος καὶ λαὸς ἐϋμμελίω Πριάμοιο.
Ἀλλ' οὔ μοι Τρώων τόσσον μέλει ἄλγος ὀπίσσω,   450
οὔτ' αὐτῆς Ἑκάβης, οὔτε Πριάμοιο ἄνακτος,
οὔτε κασιγνήτων, οἵ κεν πολέες τε καὶ ἐσθλοὶ
ἐν κονίῃσι πέσοιεν ὑπ' ἀνδράσι δυσμενέεσσιν,
ὅσσον σεῖ', ὅτε κέν τις Ἀχαιῶν χαλκοχιτώνων
δακρυόεσσαν ἄγηται, ἐλεύθερον ἦμαρ ἀπούρας·   455
καὶ κεν, ἐν Ἄργει ἐοῦσα, πρὸς ἄλλης ἱστὸν ὑφαίνοις,
καί κεν ὕδωρ φορέοις Μεσσηΐδος ἢ Ὑπερείης,
πόλλ' ἀεκαζομένη· κρατερὴ δ' ἐπικείσετ' ἀνάγκη·
καί ποτέ τις εἴπῃσιν, ἰδὼν κατὰ δάκρυ χέουσαν·
Ἕκτορος ἥδε γυνὴ, ὃς ἀριστεύεσκε μάχεσθαι   460
Τρώων ἱπποδάμων, ὅτε Ἴλιον ἀμφεμάχοντο.
Ὥς ποτέ τις ἐρέει· σοὶ δ' αὖ νέον ἔσσεται ἄλγος
χήτεϊ τοιοῦδ' ἀνδρὸς ἀμύνειν δούλιον ἦμαρ.
Ἀλλά με τεθνηῶτα χυτὴ κατὰ γαῖα καλύπτοι,

la mienne. Toutefois mes secrets pressentiments s'accompliront. Un jour viendra où la ville sacrée d'Ilion, où Priam et son peuple valeureux périront! Mais je suis moins péniblement affecté des maux réservés aux Troyens, à Hécube elle-même, au roi Priam et à mes frères, qui, bien que nombreux et vaillants, tomberont sur la poussière, frappés par nos ennemis, que de ceux qui t'accableront, quand un de ces Grecs à la cuirasse d'airain t'emmènera malgré tes pleurs, et t'arrachera à la douce liberté; ou quand dans Argos, obéissant aux ordres d'une maîtresse, tu tisseras la toile, ou tu apporteras de l'eau puisée à a fontaine de Messéis ou à celle d'Hypérée: contrainte cruelle! Mais a dure nécessité te tiendra sous sa loi; ou encore quand, à la vue de tes larmes, on dira: Voilà la femme d'Hector, le plus illustre guerrier de tous les Troyens qui ont combattu sous les murs d'Ilion. Ce discours, on le tiendra, et il renouvellera ta douleur d'avoir perdu un époux capable de t'arracher à l'esclavage. Mais que la terre s'amon-

ἀρνύμενος κλέος μέγα πατρός τε	soutenant la gloire grande de *mon* père
ἠδὲ ἐμὸν αὐτοῦ.	et la mienne de moi-même.
Ἐγὼ γὰρ εἶδα εὖ τόδε	Car moi je sais bien cela
κατὰ φρένα καὶ κατὰ θυμόν ·	dans l'esprit et dans le cœur :
ἔσσεται ἦμαρ ὅτε ποτὲ	il sera un jour, lorsque enfin
Ἴλιος ἱρὴ ἂν ὀλώλῃ,	Ilion sacrée périra,
καὶ Πρίαμος καὶ λαὸς Πριάμοιο	et Priam et le peuple de Priam
ἐυμμελίω.	habile-à-manier-la-lance-de-frêne.
Ἀλλὰ ὀπίσσω ἄλγος Τρώων	Mais ensuite la douleur des Troyens
οὔτε Ἑκάβης αὐτῆς,	ni d'Hécube elle-même,
οὔτε ἄνακτος Πριάμοιο,	ni du roi Priam,
οὔτε κασιγνήτων,	ni de *mes* frères,
οἳ πολέες τε καὶ ἐσθλοὶ	qui et nombreux et braves
πέσοιέν κεν ἐν κονίῃσιν	pourront-tomber dans la poussière
ὑπὸ ἀνδράσι δυσμενέεσσιν,	sous des guerriers ennemis,
οὐ μέλει μοι	n'est-pas-à-soin à moi
τόσσον ὅσσον σεῖο,	autant que *celle* de toi,
ὅτε τις Ἀχαιῶν	lorsque quelqu'un des Grecs
χαλκοχιτώνων	cuirassés-d'airain
ἄγηταί κε δακρυόεσσαν,	emmènerait *toi* pleurant,
ἀπούρας ἦμαρ ἐλεύθερον ·	ayant enlevé le jour libre ;
καί, ἐοῦσα ἐν Ἄργει,	et *lorsque* étant dans Argos [tre ;
ἂν ὑφαίνοις ἱστὸν πρὸς ἄλλης,	tu tisserais la toile par *ordre* d'un au-
καί κε φορέοις ὕδωρ	et *lorsque* tu porterais l'eau
Μεσσηΐδος ἢ Ὑπερείης,	de Messéis ou d'Hypérée,
πολλὰ ἀεκαζομένη ·	beaucoup malgré-toi ;
ἀνάγκη δὲ κρατερὴ ἐπικείσεται.	mais la nécessité dure pèsera sur *toi*.
Καί ποτέ τις εἴπησιν,	Et un jour quelqu'un dirait,
ἰδὼν καταχέουσαν δάκρυ ·	ayant vu *toi* versant des larmes :
ἥδε γυνὴ Ἕκτορος,	celle-ci *est* la femme d'Hector,
ὅς ἀριστεύεσκε μάχεσθαι	qui était-le-premier à combattre,
Τρώων ἱπποδάμων,	des Troyens qui-domptent-les-chevaux,
ὅτε ἀμφεμάχοντο Ἴλιον.	quand ils combattaient autour d'Ilion.
Ποτέ τις ἐρέει ὥς ·	Un jour quelqu'un parlera ainsi ;
ἄλγος δὲ νέον	or une douleur nouvelle
ἔσσεται αὖ σοι	sera encore à toi
χήτει ἀνδρὸς τοιοῦδε	par le regret d'un homme capable
ἀμύνειν ἦμαρ δούλιον.	d'écarter le jour servile.
Ἀλλὰ γαῖα χυτὴ	Mais que la terre amoncelée
κατακαλύπτοι με τεθνηῶτα,	couvre moi étant mort,

52   ΙΛΙΑΔΟΣ Ζ.

πρίν γ' ἔτι σῆς τε βοῆς σοῦ θ' ἑλκηθμοῖο πυθέσθαι. »   465
  Ὣς εἰπὼν, οὗ παιδὸς ὀρέξατο φαίδιμος Ἕκτωρ.
Ἂψ δ' ὁ πάϊς πρὸς κόλπον ἐϋζώνοιο τιθήνης
ἐκλίνθη ἰάχων, πατρὸς φίλου ὄψιν ἀτυχθεὶς,
ταρβήσας χαλκόν τ' ἠδὲ λόφον ἱππιοχαίτην,
δεινὸν ἀπ' ἀκροτάτης κόρυθος νεύοντα νοήσας·   470
ἐκ δ' ἐγέλασσε πατήρ τε φίλος καὶ πότνια μήτηρ.
Αὐτίκ' ἀπὸ κρατὸς κόρυθ' εἵλετο φαίδιμος Ἕκτωρ,
καὶ τὴν μὲν κατέθηκεν ἐπὶ χθονὶ παμφανόωσαν·
αὐτὰρ ὅγ' ὃν φίλον υἱὸν ἐπεὶ κύσε, πῆλέ τε χερσὶν,
εἶπεν ἐπευξάμενος Διΐ τ' ἄλλοισίν τε θεοῖσι·   475

  « Ζεῦ, ἄλλοι τε θεοί, δότε δὴ καὶ τόνδε γενέσθαι
παῖδ' ἐμὸν, ὡς καὶ ἐγώ περ, ἀριπρεπέα Τρώεσσιν,
ὧδε βίην τ' ἀγαθὸν, καὶ Ἰλίου ἶφι ἀνάσσειν·
καί ποτέ τις εἴπῃσι, « Πατρὸς δ' ὅγε πολλὸν ἀμείνων· »
ἐκ πολέμου ἀνιόντα· φέροι δ' ἔναρα βροτόεντα,   480
κτείνας δήϊον ἄνδρα, χαρείη δὲ φρένα μήτηρ. »

celle sur mon corps inanimé avant que j'entende tes cris, et que je te voie enlever de ces lieux. »

À ces mots, l'illustre Hector tend ses bras vers son fils ; mais l'enfant recule en se penchant sur le sein de sa nourrice, et pousse un cri d'effroi à la vue d'un père chéri, tant il redoute l'airain et le cimier qui agite sa menaçante crinière sur le sommet du casque. Le père sourit, ainsi que la chaste mère ; mais, se hâtant de découvrir sa tête, le vaillant guerrier dépose à terre le casque éblouissant. Alors il donne un baiser à l'enfant bien-aimé, et le balançant dans ses bras, il implore Jupiter et les autres divinités :

« Jupiter, dit-il, et vous tous, dieux immortels, faites que mon fils devienne illustre comme moi parmi les Grecs ; qu'il ait mon intrépide vaillance, et qu'il règne avec autorité sur Ilion ! Qu'un jour on dise en le voyant revenir des combats : « Il est encore plus brave que son père ! » Qu'il en rapporte les dépouilles sanglantes d'un ennemi tombé sous ses coups ; et que le cœur de sa mère tressaille de joie ! »

πρίν γε ἔτι πυθέσθαι	avant du moins encore d'avoir appris
σῆς τε βοῆς σοῦ τε ἑλκηθμοῖο. »	et ton cri et ton enlèvement. »
Εἰπὼν ὣς, Ἕκτωρ φαίδιμος	Ayant parlé ainsi, Hector illustre
ὀρέξατο οὗ παιδός	tendit-les-mains-vers son fils.
Ὁ δὲ παῖς ἰάχων	Mais l'enfant poussant-des-cris
ἐκλίνθη ἂψ πρὸς κόλπον	se pencha en arrière sur le sein
τιθήνης ἐϋζώνοιο,	de *sa* nourrice à-la-belle-ceinture,
ἀτυχθεὶς ὄψιν	épouvanté à la vue
πατρὸς φίλου,	de *son* père chéri,
ταρβήσας χαλκόν τε	ayant craint et l'airain
ἠδὲ λόφον ἱππιοχαίτην,	et le cimier à-crinière-de-cheval,
νοήσας νεύοντα δεινόν	l'ayant vu s'agitant terriblement
ἀπὸ κόρυθος ἀκροτάτης	du casque le plus élevé ;
πατήρ δέ τε φίλος ἐξεγέλασσε	mais et le père chéri sourit
καὶ μήτηρ πότνια.	et la mère vénérable.
Αὐτίκα Ἕκτωρ φαίδιμος	Aussitôt Hector illustre
εἵλετο κόρυθα ἀπὸ κρατός,	enleva le casque de *sa* tête,
καὶ μὲν κατέθηκεν ἐπὶ χθονί	et à la vérité déposa sur la terre
τὴν παμφανόωσαν·	lui tout-étincelant ;
αὐτὰρ ὅγε ἐπεὶ κύσεν	puis lui après qu'il eut embrassé
ὃν υἱὸν φίλον,	son fils chéri,
πῆλέ τε χερσίν,	et qu'il *l*'eut balancé dans *ses* mains,
εἶπεν ἐπευξάμενος	il dit ayant adressé-des-vœux
Διΐ τε ἄλλοισί τε θεοῖσι	et à Jupiter et aux autres dieux :
« Ζεῦ, ἄλλοι τε θεοί,	« Jupiter, et autres dieux,
δότε δὴ καί	ayez donné donc aussi
τόνδε ἐμὸν παῖδα γενέσθαι,	celui-ci mon fils être devenu,
ὡς ἐγὼ καί περ,	comme moi aussi certes,
ἀριπρεπέα Τρώεσσιν,	illustre parmi les Troyens,
ἀγαθόν τε ὧδε βίην,	et bon de même selon la force,
καὶ ἀνάσσειν ἶφι Ἰλίου·	et régner puissamment sur Ilion !
καί ποτέ τις εἴπῃσιν,	et *qu'*un jour quelqu'un ait dit
ἀνιόντα ἐκ πολέμου,	sur *lui* revenant du combat :
« Ὅγε δὲ πολλὸν	« Mais celui-ci *est* de beaucoup
ἀμείνων πατρός· »	meilleur que *son* père ! »
φέροι δὲ ἔναρα	et qu'il rapporte des dépouilles
βροτόεντα,	couvertes-de-sang-et-de-poussière
κτείνας ἄνδρα δήϊον,	ayant tué un guerrier ennemi,
μήτηρ δέ	et que *sa* mère
χαρείη φρένα. »	se réjouisse *en son* cœur. »

ΙΛΙΑΔΟΣ Ζ.

Ὣς εἰπὼν, ἀλόχοιο φίλης ἐν χερσὶν ἔθηκε
παῖδ᾽ ἑόν· ἣ δ᾽ ἄρα μιν κηώδεϊ δέξατο κόλπῳ,
δακρυόεν γελάσασα. Πόσις δ᾽ ἐλέησε νοήσας,
χειρί τέ μιν κατέρεξεν, ἔπος τ᾽ ἔφατ᾽, ἔκ τ᾽ ὀνόμαζε·   485
« Δαιμονίη, μή μοί τι λίην ἀκαχίζεο θυμῷ·
οὐ γάρ τίς μ᾽ ὑπὲρ αἶσαν ἀνὴρ Ἄϊδι προϊάψει·
μοῖραν δ᾽ οὔτινά φημι πεφυγμένον ἔμμεναι ἀνδρῶν,
οὐ κακὸν, οὐδὲ μὲν ἐσθλὸν, ἐπὴν ταπρῶτα γένηται.
Ἀλλ᾽, εἰς οἶκον ἰοῦσα, τὰ σ᾽ αὐτῆς ἔργα κόμιζε,   490
ἱστόν τ᾽ ἠλακάτην τε, καὶ ἀμφιπόλοισι κέλευε
ἔργον ἐποίχεσθαι· πόλεμος δ᾽ ἄνδρεσσι μελήσει
πᾶσιν, ἐμοὶ δὲ μάλιστα, τοὶ Ἰλίῳ ἐγγεγάασιν¹. »

Ὣς ἄρα φωνήσας, κόρυθ᾽ εἵλετο φαίδιμος Ἕκτωρ
ἵππουριν· ἄλοχος δὲ φίλη οἶκόνδε βεβήκει   495
ἐντροπαλιζομένη, θαλερὸν κατὰ δάκρυ χέουσα.
Αἶψα δ᾽ ἔπειθ᾽ ἵκανε δόμους εὐναιετάοντας
Ἕκτορος ἀνδροφόνοιο· κιχήσατο δ᾽ ἔνδοθι πολλὰς
ἀμφιπόλους, τῇσιν δὲ γόον πάσῃσιν ἐνῶρσεν.

Il dit, et remet l'enfant entre les bras de son épouse chérie, qui le reçoit sur son sein parfumé avec un sourire mêlé de larmes. Le héros s'attendrit à ce spectacle ; de la main, il la caressa tendrement, lui adressa la parole et lui dit :

« Chère épouse, impose des bornes à ton affliction ; car nulle main ne peut me précipiter chez Pluton avant l'heure fatale ; et aucun mortel, lâche ou brave, ne saurait échapper à la destinée qu'il apporte en naissant. Mais retourne à nos demeures reprendre tes occupations, la toile, le fuseau, et surveiller les travaux de tes femmes : quant à la guerre, elle est l'occupation de tous les hommes qui sont nés dans Ilion, et la mienne. »

Ayant ainsi parlé, l'illustre Hector relève son casque à la crinière flottante ; et son épouse chérie reprend sa marche vers le palais, non sans tourner souvent la tête en répandant des larmes abondantes. Arrivée à la riche demeure du héros, elle la trouve remplie d'esclaves nombreuses a qui sa présence arrache des gémissements. Toutes, sous

ILIADE, VI.

Εἰπὼν ὣς,	Ayant parlé ainsi,
ἔθηκεν ἑὸν παῖδα	il plaça son fils
ἐν χερσὶν ἀλόχο.ο φίλης ·	dans les mains de l'épouse chérie ;
ἄρα δὲ ἣ δέξατό μιν	or donc celle-ci reçut lui
κόλπῳ κηώδεῖ,	sur *son* sein odorant,
γελάσασα δακρυόεν.	ayant souri avec-des-larmes.
Πόσις δὲ νοήσας	Mais l'époux ayant remarqué,
ἐλέησε, κατέρεξέ τέ μιν	eut-pitié, et caressa elle
χειρί,	de la main,
ἔφατό τε ἔπος, ἐξονόμαζέ τε ·	et dit une parole, et parla ainsi :
« Δαιμονίη, μὴ ἀκαχίζεο λίην	« Infortunée, ne t'attriste trop
τί μοι θυμῷ ·	en-rien pour moi dans le cœur,
τίς γὰρ ἀνὴρ οὐ προϊάψει με	car un guerrier ne précipitera pas moi
Ἄϊδι ὑπὲρ αἶσαν ·	chez Pluton contre le destin ;
φημὶ δὲ οὔτινα ἀνδρῶν	mais je dis aucun des hommes
ἔμμεναι πεφυγμένον μοῖραν,	n'être ayant fui le destin,
οὐ κακόν, οὐδὲ μὲν ἐσθλόν,	ni le lâche, ni certes le brave,
ἐπὴν ταπρῶτα γένηται.	lorsque d'abord il est né.
Ἀλλὰ, ἰοῦσα εἰς οἶκον,	Mais, étant allée dans *ta* demeure,
κόμιζε τὰ σὰ ἔργα αὐτῆς,	soigne tes travaux de toi-même,
ἱστόν τε ἠλακάτην τε,	et la toile et la quenouille,
καὶ κέλευε ἀμφιπόλοισιν	et ordonne aux suivantes
ἐποίχεσθαι ἔργον ·	de parcourir *leur* tâche ;
πόλεμος δὲ μελήσει	mais la guerre sera-à-soin
πᾶσιν ἀνδρεσσι τοὶ ἐγγεγάασιν	à tous les guerriers qui sont nés
Ἰλίῳ, ἐμοὶ δὲ μάλιστα. »	dans Ilion, et à moi surtout. »
Ἄρα φωνήσας ὣς,	Donc ayant parlé ainsi,
Ἕκτωρ φαίδιμος εἵλετο	Hector illustre prit
κόρυθα ἵππουριν ·	*son* casque à-crinière-de-cheval ;
ἄλοχος δὲ φίλη	mais l'épouse chérie
βεβήκει οἰκόνδε,	s'en alla vers la maison,
ἐντροπαλιζομένη,	regardant-souvent-derrière-elle,
καταχέουσα δάκρυ θαλερόν.	versant des pleurs abondants.
Αἶψα δὲ ἔπειτα ἵκανε	Et bientôt ensuite elle arriva
δόμους εὐναιετάοντας	dans les demeures bien-habitées
Ἕκτορος ἀνδροφόνοιο ·	d'Hector homicide ;
κιχήσατο δὲ ἔνδοθι	et elle trouva dans l'intérieur
πολλὰς ἀμφιπόλους,	beaucoup de suivantes,
ἐνῶρσε δὲ γόον	et elle excita un gémissement
πάσῃσι τῇσιν.	*au milieu de* toutes celles-ci.

Αἱ μὲν ἔτι ζωὸν γόον Ἕκτορα ᾧ ἐνὶ οἴκῳ· 500
οὐ γάρ μιν ἔτ' ἔφαντο ὑπότροπον ἐκ πολέμοιο
ἵξεσθαι, προφυγόντα μένος καὶ χεῖρας Ἀχαιῶν.

Οὐδὲ Πάρις δήθυνεν ἐν ὑψηλοῖσι δόμοισιν·
ἀλλ' ὅγ', ἐπεὶ κατέδυ κλυτὰ τεύχεα, ποικίλα χαλκῷ,
σεύατ' ἔπειτ' ἀνὰ ἄστυ, ποσὶ κραιπνοῖσι πεποιθώς. 505
Ὡς δ' ὅτε τις στατὸς ἵππος, ἀκοστήσας ἐπὶ φάτνῃ,
δεσμὸν ἀπορρήξας, θείῃ πεδίοιο κροαίνων,
εἰωθὼς λούεσθαι ἐϋρρεῖος ποταμοῖο,
κυδιόων· ὑψοῦ δὲ κάρη ἔχει, ἀμφὶ δὲ χαῖται
ὤμοις ἀΐσσονται· ὁ δ' ἀγλαΐηφι πεποιθώς, 510
ῥίμφα ἑ γοῦνα φέρει μετά τ' ἤθεα καὶ νομὸν ἵππων·
ὣς υἱὸς Πριάμοιο Πάρις κατὰ Περγάμου ἄκρης
τεύχεσι παμφαίνων, ὥστ' ἠλέκτωρ, ἐβεβήκει
καγχαλόων, ταχέες δὲ πόδες φέρον· αἶψα δ' ἔπειτα
Ἕκτορα δῖον ἔτετμεν ἀδελφεόν, εὖτ' ἄρ' ἔμελλε 515
στρέψεσθ' ἐκ χώρης, ὅθι ᾗ ὀάριζε γυναικί.
Τὸν πρότερος προσέειπεν Ἀλέξανδρος θεοειδής·

ces tristes toits, elles pleurent Hector vivant; car elles n'espèrent plus qu'il revienne du combat après avoir échappé à l'impétueuse attaque et aux coups des ennemis.

Pâris ne perdait point le temps sous ses lambris somptueux; mais après avoir revêtu son armure magnifique, où l'airain prenait mille formes diverses, il se pressait à travers la ville, se confiant dans la légèreté de ses pieds. Tel, retenu à l'étable et longtemps nourri d'orge, un coursier, après avoir rompu ses liens, s'élance dans la plaine, qu'il ébranle sous ses pas, vers le fleuve rapide où, superbe, il a coutume de se baigner. Il porte la tête élevée; sa crinière s'agite autour de ses épaules; et fier de sa beauté, ses jarrets le portent sans efforts aux lieux connus où paissent les cavales. Tel, du haut de Pergame, revêtu d'armes étincelantes, Pâris semblable au soleil s'avançait respirant la gloire; et emporté par sa marche rapide, il joignit bientôt le divin Hector, son frère, alors que ce héros allait s'éloigner du lieu où il s'était entretenu avec Andromaque.

Αἱ μὲν γόον ἐνὶ ᾧ οἴκῳ	Et celles-ci pleuraient dans son palais
Ἕκτορα ἔτι ζωόν·	Hector encore vivant;
ἔφαντο γὰρ	car elles pensaient
μὶν οὐκ ἔτι ἵξεσθαι	lui ne plus devoir venir
ὑπότροπον ἐκ πολέμοιο,	de retour du combat,
προφυγόντα μένος	ayant évité la force
καὶ χεῖρας Ἀχαιῶν.	et les mains des Achéens.
Πάρις δὲ οὐ δήθυνεν	Et Pâris ne s'arrêtait pas
ἐν δόμοισιν ὑψηλοῖσιν·	dans les demeures élevées;
ἀλλὰ ὅγε, ἐπεὶ κατέδυ	mais lui, après qu'il eut revêtu
τεύχεα κλυτά,	ses armes renommées,
ποικίλα χαλκῷ,	variées par l'airain,
σεύατο ἔπειτα ἀνὰ ἄστυ,	se pressa ensuite à travers la ville,
πεποιθὼς ποσὶ κραιπνοῖσιν.	s'étant confié à ses pieds rapides.
Ὡς δὲ ὅτε τις ἵππος	Et comme lorsque un cheval
στατὸς,	retenu-à-l'étable,
ἀκοστήσας ἐπὶ φάτνῃ,	s'étant nourri-d'orge à la crèche,
ἀπορρήξας δεσμὸν,	ayant brisé son lien,
θείῃ πεδίοιο κροαίνων,	court dans la plaine frappant-la-terre,
εἰωθὼς λούεσθαι	ayant coutume de se baigner
ποταμοῖο ἐϋρρεῖος,	dans un fleuve au-beau-courant,
κυδιόων· ἔχει δὲ κάρη ὑψοῦ,	tout fier; et il a la tête en haut,
χαῖται δὲ ἀΐσσονται	et ses crinières sont agitées
ἀμφὶ ὤμοις·	autour des épaules;
ὁ δὲ πεποιθὼς ἀγλαΐηφι,	puis lui se confiant à sa beauté,
γοῦνα φέρει ἑ ῥίμφα	ses genoux portent lui facilement
μετά τε ἤθεα	et vers les lieux-accoutumés
καὶ νομὸν ἵππων·	et le pâturage des chevaux;
ὣς υἱὸς Πριάμοιο Πάρις,	de même le fils de Priam, Pâris,
παμφαίνων τεύχεσιν, ὥστε ἠλέκτωρ,	étincelant par ses armes, comme le soleil
ἐβεβήκει κατὰ Περγάμου ἄκρης	s'avançait de Pergame élevée,
καγχαλόων,	transporté de joie,
πόδες δὲ ταχέες φέρον·	et ses pieds rapides le portaient.
αἶψα δὲ ἔπειτα ἔτετμε	Mais aussitôt ensuite il trouva
δῖον Ἕκτορα ἀδελφεὸν,	le divin Hector son-frère,
εὖτε ἄρα ἔμελλε	lorsque donc il devait
στρέψεσθαι ἐκ χώρης,	s'en retourner du lieu
ὅθι ὀάριζεν ᾗ γυναικί.	où il conversait avec son épouse.
Ἀλέξανδρος θεοειδὴς	Pâris à-la-forme-divine
πρότερος προσέειπε τόν·	le premier dit à lui:

« Ἠθεῖ', ἦ μάλα δή σε καὶ ἐσσύμενον κατερύκω,
δηθύνων, οὐδ' ἦλθον ἐναίσιμον, ὡς ἐκέλευες. »
  Τὸν δ' ἀπαμειβόμενος προσέφη κορυθαίολος Ἕκτωρ· 520
« Δαιμόνι', οὐκ ἄν τίς τοι ἀνὴρ, ὃς ἐναίσιμος εἴη,
ἔργον ἀτιμήσειε μάχης, ἐπεὶ ἀλκιμός ἐσσι·
ἀλλὰ ἑκὼν μεθιεῖς τε καὶ οὐκ ἐθέλεις· τὸ δ' ἐμὸν κῆρ
ἄχνυται ἐν θυμῷ, ὅθ' ὑπὲρ σέθεν αἴσχε' ἀκούω
πρὸς Τρώων, οἳ ἔχουσι πολὺν πόνον εἵνεκα σεῖο. 525
Ἀλλ' ἴομεν· τὰ δ' ὄπισθεν ἀρεσσόμεθ', αἴ κέ ποθι Ζεὺς
δώῃ ἐπουρανίοισι θεοῖς αἰειγενέτῃσι
κρητῆρα στήσασθαι ἐλεύθερον ἐν μεγάροισιν,
ἐκ Τροίης ἐλάσαντας ἐϋκνήμιδας Ἀχαιούς. »

Et Pâris, aussi beau qu'un dieu, prenant la parole : « Généreux Hector! j'enchaîne depuis trop longtemps ton impatience par mes retards; je ne me suis point hâté d'arriver comme tu l'avais ordonné. »

Hector, au casque brillant, lui répond : « Ami, nul homme équitable ne peut blâmer ta conduite à la guerre; car tu es brave; mais tu te laisses aller volontairement à l'indolence; tu refuses même de combattre; et mon cœur s'afflige en secret, quand je t'entends outrager par ces Troyens, qui souffrent tant de maux pour soutenir ta cause. Mais allons, dans la suite nous apaiserons ces débats, si Jupiter nous permet un jour d'élever dans nos palais une coupe libre en l'honneur des immortels, après avoir repoussé loin de Troie les Grecs à la brillante armure. »

« Ἠθεῖε, ἦ μάλα δὴ ὀηθύνων κατερύκω σε καὶ ἐσσύμενον, οὐδὲ ἦλθον ἐναίσιμον, ὡς ἐκέλευες. »
Ἕκτωρ δὲ κορυθαίολος ἀμειβόμενος προςέφη τόν·
« Δαιμόνιε, οὔ τις ἀνὴρ, ὅς εἴη ἐναίσιμος, ἂν ἀτιμήσειεν ἔργον μάχης τοι, ἐπεὶ ἐσσὶ ἄλκιμος· ἀλλὰ ἑκὼν μεθιεῖς τε καὶ οὐκ ἐθέλεις· τὸ δὲ ἐμὸν κῆρ ἄχνυται ἐν θυμῷ, ὅτε ἀκούω ὑπὲρ σέθεν αἴσχεα πρὸς Τρώων οἳ ἔχουσι πολὺν πόνον εἵνεκα σεῖο. Ἀλλὰ ἴομεν· ἀρεσσόμεθα δὲ τὰ ὄπισθεν, αἴ ποθι Ζεύς κε δῴη στήσασθαι θεοῖς ἐπουρανίοισιν ἀειγενέτῃσι κρητῆρα ἐλεύθερον ἐν μεγάροισιν, ἐλάσαντας ἐκ Τροίης Ἀχαιοὺς ἐϋκνήμιδας. »

« Bien-aimé, oui certes en tardant je retiens toi quoique te hâtant, et je ne suis pas venu à-temps, comme tu ordonnais. »
Alors Hector au-casque-s'agitant, répondant dit à lui :
« Ami, aucun homme qui serait équitable, ne mépriserait le travail du combat à toi, puisque tu es brave ; mais de toi-même et tu te relâches, et tu ne veux pas ; or mon cœur s'attriste dans *mon* âme, lorsque j'entends sur toi des outrages de la part des Troyens qui ont une grande fatigue à cause de toi Mais allons ; et nous apaiserons ces-choses ensuite, si un jour Jupiter accorde *nous* élever aux dieux célestes éternels une coupe libre dans les palais, ayant chassé de Troie les Achéens aux-belles-cnémides. »

NOTES

SUR LE SIXIÈME CHANT DE L'ILIADE.

Page 2.— 1. Οἰώθη. Les dieux s'étaient retirés du combat.

— 2. Πεδίοιο, c'est-à-dire, διὰ τοῦ πεδίοιο.

— 3. Le *Simoïs* et le *Xanthe* ou *Scamandre*, rivières de la Troade qui prenaient leur source au mont Ida et allaient se jeter dans la mer Égée au-dessous du cap Sigée.

Page 4.— 1. *Euryale* était un chef péloponnésien, qui avait conduit quatre-vingts vaisseaux devant Troie.

Page 6.— 1. *Teucer*, fils de Télamon, roi de Salamine. A son retour du siége de Troie, où il s'était distingué, il fut chassé par son père pour n'avoir pas vengé sur Ulysse la mort de son frère Ajax, et alla fonder en Chypre une autre ville de Salamine.

— 2. Ἐν ἀρνειοῦ πατρός, sous-entendu οἴκῳ.

Page 8.— 1 Θέων, *courant*, qu'il ne faut pas confondre avec θεῶν, génitif pluriel de θεός, *dieu*.

— 2. La prière d'Adraste, qui, pour obtenir la vie, n'emploie d'autre moyen de persuasion que ce qui peut flatter l'avarice et l'ambition de Ménélas ; les imprécations d'Agamemnon et sa férocité ; tout cela est dans le caractère des mœurs héroïques et peint la barbarie des premiers âges.

Page 12.— 1. Ἐν πόλει ἄκρῃ. Il s'agit ici de Pergame, de l'endroit le plus élevé de la ville de Troie, où se trouvaient le temple de Minerve et la citadelle.

Page 14. — 1. Suivant le scholiaste, ἄντυξ signifie ici *le bord du bouclier;* on désignait par le même nom, dans les chars, le rebord (*loricam*) fermé et arrondi sur le devant, et laissant sur le derrière une ouverture par laquelle le guerrier pouvait descendre et remonter à volonté. Cf. *Il.* E, 262 et 728 Voy. la note de M. Théob. Fix, sur le v. 373 du *Rhésus* d'Euripide, dans la *Bibliothèque des auteurs grecs*, de MM. Firmin Didot.

— 2. Le bouclier des chefs couvrait l'homme tout entier. Les soldats portaient des boucliers plus petits, nommés λαισήϊα.

Page 16.— 1. Lycurgue, roi de Thrace, s'était déclaré contre le culte de Bacchus, et avait voulu faire arracher toutes les vignes qui se trouvaient dans ses États. Pour le punir, Bacchus le rendit fou ; et le malheureux, après avoir tué son fils, se coupa les jambes, qu'il prenait pour des ceps de vigne. Ses sujets le mirent en pièces.

— 3. Nysa ou Nyssa, montagne de Thrace.

Page 18.— 1. Οἳ ἀρούρης καρπὸν ἔδουσι, *qui se nourrissent des fruits de la terre.* Au temps d'Homère, la terre n'était pas personnifiée ; et ce poëte n'emploie jamais d'expression correspondante à celle de *présent*, δῶρον ou δῶρα γῆς, ἀρούρης.

— 2. *Éphyre*, ancien nom de *Corinthe*, fondée par Sisyphe.

Page 20.— 1. Son *beau-père* était Sobate.

Page 22.— 1. Les *Solymes*, peuple de Lycie.

Page 26.— 1. *Œnée*, roi d'Étolie, aïeul de Diomède.

— 2. Κάλλιφ' pour κάλλιπε, qui lui-même est pour κατέλιπε.

Page 28. — 1. Χαλκείων, sous-entendu ἀντί. L'estimation des armes de Glaucus et de Diomède a pu faire croire que les Grecs, au temps d'Homère, avaient une monnaie appelée bœuf. C'est à tort ; on avait recours aux échanges pour se procurer les objets nécessaires à la vie, et les métaux n'étaient évalués que d'après leur poids.

L'épisode de Glaucus et de Diomède est à remarquer comme peinture de mœurs. Deux guerriers s'élançant dans l'intervalle qui sépare deux armées, et se provoquant à un combat singulier ; la crainte que l'un des deux éprouve d'avoir une divinité pour adversaire ; les réflexions morales de l'autre sur la brièveté de la vie, et les longs détails généalogiques dans lesquels il entre en présence de ces deux armées qui restent inactives après une sanglante mêlée : voilà un tableau qui fut vrai, mais qui, après une longue suite de siècles, est devenu bizarre.

Page 32. — 1. Σιδονίων. Les habitants de Sidon, capitale de la Phénicie, étaient renommés pour tous leurs objets manufacturés, tels que tissus, vases, coupes, etc.

Page 42.— 1. Ἐς γαλόων, sous-entendu δόμους ou οἴκους ; et plus loin ἐς Ἀθηναίης pour ἐς ναὸν Ἀθηναίης. Voy. v. 47 : ἐν ἀφνειοῦ πατρός.

Page 54.— 1. Sur les adieux d'Hector et d'Andromaque, consultez le *Traité des études* de Rollin, où se trouvent très-convenablement développées les beautés de cet épisode, l'un des plus touchants d'Homère.

Page 58.— 1. Ἐπεὶ ἄλκιμός ἐσσι. Pâris était un efféminé, mais non un lâche. Une vie molle et délicate n'est pas toujours incompatible avec la valeur.

TABLE ALPHABÉTIQUE.

DES FORMES IONIENNES ET POÉTIQUES QUE L'ON RENCONTRE
DANS LE SIXIÈME CHANT DE L'ILIADE.

A.

Ἀγελείης — ἀγελείας
ἀγλαΐηφι — ἀγλαΐα
ἀδελφειοῦ — ἀδελφοῦ
ἀειγενέτῃσι — ἀειγενέταις
ἀειραμένη — ἀραμένη
ἄειρε — αἶρε
ἀθανάτοισι — ἀθανάτοις
Ἀθηναίης — Ἀθηναίας
αἴκε — ἐάν
αἰδέομαι — αἰδοῦμαι
αἰδοίης — ἀδοίαις
Ἄϊδος — Ἄδου
αἰθομένοιο — αἰθομένου
αἰθούσῃσι — αἰθούσαις
αἴσχεα — αἴσχη
αἰσχυνέμεν — αἰσχύνειν
ἀκαχίζεο — ἀκαχίζου
ἀκουέμεν — ἀκούειν
ἄκουσε — ἤκουσε
ἄκρῃ — ἄκρᾳ
ἄκρης — ἄκρας
Ἀλεξάνδροιο — Ἀλεξάνδρου
ἀλλήλοισι — ἀλλήλοις
ἀλόχοισι — ἀλόχοις
ἄμ — ἀνά
ἄμειβε — ἤμειβε
ἁμόν — ἐμόν
ἀμφιπόλοισι — ἀμφιπόλοις
ἄνα — ἀνάστηθι
ἀναγκαίη — ἀνάγκη
ἀναλκείῃσι — ἀναλκείαις
ἄνδρεσσι — ἀνδράσι
ἀνθρώποισι — ἀνθρώποις
ἀνέμοιο — ἀνέμου
ἀνέρες — ἄνδρες
ἀνίπτοισι — ἀνίπτοις
ἀντιόωσι — ἀντιῶσι
ἀνώγει — ἠνώγει
ἀπεόντος — ἀπόντος
ἀπολοίατο — ἀπόλοιντο
ἀποπνείουσα — ἀποπνέουσα
Ἀργείη — Ἀργεία
Ἀργείοισι — Ἀργείοις
ἀρεσσόμεθα — ἀρεσόμεθα
Ἀρήϊα — Ἄρεια
ἀριπρεπέα — ἀριπρεπῆ
ἀριστεύεσκε — ἠρίστευε
ἀρούρης — ἀρούρας
ἀστέρι — ἀστρί
ἀτιμήσειε — ἀτιμήσαι
αὖθι — αὖθις
ἀφόωντα — ἀφῶντα.

B.

Βάλε — ἔβαλε
βασίλευε — ἐβασίλευε
βασιλῆα — βασιλέα
βεβήκει — ἐβεβήκει
βείω — βῶ
βῆ — ἔβη
βιότοιο — βιότου
βουλευτῇσι — βουλευταῖς.

Γ.

Γαῖα — γῆ
γαῖαν — γῆν
γαστέρι — γαστρί
γείνατο — ἐγείνατο
γενεῇ — γενεᾷ
γενεήν — γενεάν
γένετο — ἐγένετο
γήθησε — ἐγήθησε
γοῦνα — γόνατα
γούνων — γονάτων

Δ.

Δαήμεναι — δαῆναι
δαιδαλέοισι — δαιδαλέοις
δαμόωσι — δαμῶσι
Δαναοῖσι — Δαναοῖς
δειδιότα — δεδοικότα
δήθυνε — ἐδήθυνε
δήϊοιο — δαίου
δηΐοισι — δαίοις
δίδου — ἐδίδου

TABLE DES FORMES IONIENNES

διεξίμεναι — διεξιέναι
Διομήδεα — Διομήδη
δίφροιο — δίφρου
Διωνύσοιο — Διωνύσου
δμωῇσι — δμωαῖς
δοκέει — δοκεῖ
δόμοισι — δόμοις
δοῦρα — δόρατα
δουρὶ — δόρατι
δουρὸς — δόρατος
δύμεναι — δῦναι
δύνῃαι — δύνῃ
δύσετο — ἐδύσετο
δυσμενέεσσι — δυσμενέσι
δῶκε — ἔδωκε.

E.

Ἑ — αὐτὸν
ἐγγεγάασι — ἐγγεγόνασι
ἐγέλασσε — ἐγέλασε
ἔγχεα — ἔγχη
ἐδάμασσε — ἐδάμασε
ἐδείδιμεν — ἐδεδίειμεν, ἐδεδοίκειμεν
ἐείκοσι — εἴκοσι
ἕζεο — ἕζου
ἔην — ἦν
ἔθελε — ἤθελε
ἕθεν — ἑαυτοῦ
εἰλήλουθας — ἐλήλυθας,
εἰλιπόδεσσι — εἰλίποσι
εἵνεκα — ἕνεκα
εἴπῃσι — εἴπῃ
εἴσω — ἔσω
ἐκλελαθέσθαι — ἐκλαθέσθαι
ἔκτα — ἔκτανε
ἔλασσε — ἤλασε
ἐλέλιχθεν — ἐλελίχθησαν
ἑλκηθμοῖο — ἑλκηθμοῦ
ἐλλίσσετο — ἐλίσσετο
ἐμεῖο — ἐμοῦ
ἔμμεναι — εἶναι
ἐμοῖσι — ἐμοῖς
ἐναιρέμεν — ἐναρεῖν
ἐναντίη — ἐναντία
ἔνεσαν — ἐνῆσαν
ἔνθεο — ἔνθου
ἐνὶ — ἐν
ἐόντα — ὄντα
ἐοῦσα — οὖσα
ἐπέεσσι — ἔπεσι

ἐπειρήσαντο — ἐπειράσαντο
ἐπουρανίοισι — ἐπουρανίοις
ἐρέω — ἐρῶ
ἔρχεο — ἔρχου
ἔρχευ — ἔρχου
ἔσαν — ἦσαν
ἔσκε — ἦν
ἔσσεσθαι — ἔσεσθαι
ἐσσί — εἶ
ἔσσονται — ἔσονται
ἔσταν — ἔστησαν
ἑτάροισι — ἑταίροις
ἔτῃσι — ἔταις
εὐζώνοιο — εὐζώνου
εὐμμελίω — εὐμελίου
εὐναιετάοντας — εὐναιετῶντας
εὐρέα — εὐρύν
εὐρρείταο — εὐρρείτου
εὐρείης — εὐρείας
εὔρρεῖος — εὐρρεοῦς
εὐχετάασθαι — εὐχετᾶσθαι
εὔχοντο — ηὔχοντο
ἔχε — εἶχε.

Z.

Ζώοντες — ζῶντες.

H.

Ἤδη — ᾔδει
ἤεν — ἦν
ἤλυθε — ἦλθε
ἡμετέρην — ἡμετέραν
ἡμετέρῃς — ἡμετέραις
ἠνορέην — ἀνορέαν
ᾔτεε — ᾔτει
ἠϋκόμοιο — εὐκόμου
ἤϋν — εὖν.

Θ.

Θεάων — θεῶν
θέε — ἔθεε
θεοῖσι — θεοῖς
θέον — ἔθεον
Θήβῃσι — Θήβαις
θήῃς — θῇς
θῆκε — ἔθηκε
Θρήκεσσι — Θραξὶ
θύεσσι — θύεσι

EMPLOYÉES DANS LE 6ᵉ CHANT DE L'ILIADE. 65

θύγατρες — θυγατέρες
θώρηκα — θώρακα.

I.

Ἰδέ (ép.), ἠδὲ — καί
Ἰδομενῆα — Ἰδομενέα
ἱερευσέμεν — ἱερεύσειν
ἱεροῖο — ἱεροῦ
ἵκηαι — ἵκῃ
ἴομεν — ἴωμεν
ἱπποβότοιο — ἱπποβότου
ἱπποδασείης — ἱπποδασείας
Ἱππολόχοιο — Ἱππολόχου
ἱρῆς — ἱερᾶς.

K.

Κάκτανε — κατέκτανε
καλέεσκε — ἐκάλει
καλέσσω — καλέσω
κάλλιφε — κατέλιπε
κάλυψε — ἐκάλυψε
κὰπ πεδίον — κατὰ πεδίον
κάρτιστον — κράτιστον
κατακτανέουσι — κατακτενοῦσι
καταξέμεν — κοτάξειν
κατελθέμεν — κατελθεῖν
κατέχευαν — κατέχεαν
κεκμηῶτι — κεκμηκότι
κέν — ἄν
κεῖνον — ἐκεῖνον
κεῖνος — ἐκεῖνος
κέκλετο — ἐκέκλετο
κελαινεφεῖ — κελαινεφεῖ
κέλευε — ἐκέλευε
κήδεαι — κήδῃ
κίε — ἔκιε
κίον — ἔκιον
Κιλίκεσσι — Κίλιξι
κιχήσαιο — ἐκιχήσατο
κοιμῶντο — ἐκοιμῶντο
κονίῃσι — κονίαις
κοῦραι — κόραι
κουράων — κορῶν
κούρη — κόρη
κοῦρος — κόρος
κραιπνοῖσι — κραιπνοῖς
κρητῆρα — κρατῆρα
κρυπταδίη — κρυπταδία
κτεάτεσσι — κτέασι

κυδαλίμοισι — κυδαλίμοις
κυδιανείρῃ — κυδιανείρᾳ
κύσε — ἔκυσε.

Λ.

Λάβε — ἔλαβε
λάμπετο — ἐλάμπετο
Λαοδαμείη — Λαοδαμία
λῆξαν — ἔληξαν
λίθοιο — λίθου
λίην — λίαν
Λυκίην — Λυκίαν
Λυκίηνδε — Λυκίανδε
Λυκόοργος — Λυκοῦργος
λώϊον — λῷον.

M.

Μαινομένοιο — μαινομένου
μακάρεσσι — μάκαρσι
μαχήσατο — ἐμαχήσατο
μεγάλοιο — μεγάλου
μεγάροισι — μεγάροις
μεθιεῖς — μεθίης
μείδησε — ἐμείδησε
μειλιχίοισι — μειλιχίοις
μελιηδέα — μελιηδῆ
μεμαῶτε — μεμηκότε
μέσσῃ — μέσῃ
μέσσῳ — μέσῳ
μετέρχεο — μετέρχου
μετεσσεύοντο — μετεσεύοντο
μευ — μου
μητέρι — μητρί
μίγη — ἐμίγη
μιγήμεναι — μιγῆναι
μιμνέτω — μενέτω
μιν — αὐτόν, αὐτήν
μνηστῆς — μνηστοῖς
μύθοισι — μύθοις.

N.

ναῖε — ἔναιε
νείατος — νέατος
νείκεσσε — ἐνείκεσε
νεμέσσει — νεμέσει
νέοντο — ἐνέοντο
νῆας — ναῦς
νηΐς — ναΐς

νημερτέα — νημερτῆ
νηόν — ναόν
νηυσί — ναυσί
νηῷ — ναῷ
Νυσήϊον — Νυσεῖον.

Ξ.

Ξάνθοιο — Ξάνθου
ξεινήϊα — ξένια
ξείνισσε — ἐξένισε
ξεῖνος — ξένος
ξεστῆς — ξεσταῖς
ξεστοῖο — ξεστοῦ.

Ο.

Ὀδύσαντο — ὠδύσαντο
ὄεσσι — οἴεσι
οἱ — αὐτῷ, αὐτῇ
οἵη — οἵα
οἰκῆας — οἰκεῖς
ὀνόμαζε — ὠνόμαζε
ὀνήσεαι — ὀνήσῃ
ὀπίσσω — ὀπίσω
ὄρινε — ὤρινε
ὅς — οὗτος
ὅσσον — ὅσον
ὅττι — ὅ τι
ὄφελε — ὤφελε.

Π.

Πάϊς — παῖς
παμφανόωσαν — παμφανῶσαν
πάρ-εστη — παρέστη
πάσῃσι — πάσαις
πατρώϊος — πατρῷος
πεδίοιο — πεδίου
πεῖθε — ἔπειθε
πέμπε — ἔπεμπε
πεπύθοντο — ἐπύθοντο
πέρησε — ἐπέρασε
περικαλλέα — περικαλλῆ
πέρσε — ἔπερσε
πεσέειν — πεσεῖν
πεφνέμεν — πεφνεῖν
πῆξε — ἔπηξε
πῆλε — ἔπηλε
πιστώσαντο — ἐπιστώσαντο
πολέες — πολλοί

πολέμοιο — πολέμου
πόλιος — πόλεως
πολλῇσι — πολλαῖς
πολλόν — πολύ
πόρε — ἔπορε
πόρον — ἔπορον
ποσσί — ποσί
ποτί — πρός
πουλυβοτείρῃ — πολυβοτείρᾳ
Πριάμοιο — Πριάμου
πρηνέα — πρηνῆ
προτί — πρός
προφρονέως — προφρόνως
πρώτοισι — πρώτοις
πτόλιν — πόλιν
πυλάων — πυλῶν.

Ρ.

'Ρ' — ῥα
ῥεῖα, ῥέα — ῥᾳδίως
ῥῆξε — ἔρρηξε
ῥοάων — ῥοῶν.

Σ.

Σεβάσσατο — ἐσεβάσατο
σέθεν — σοῦ
σεο — σοῦ
σευ — σοῦ
σεύατο — ἐσεύατο
σεῦε — ἔσευε
στήθεσσι — στήθεσι.

Τ.

Ταμίη — ταμία
τάμον — ἔταμον
ταχέες — ταχεῖς
τεθνηῶτα — τεθνηκότα
τεθνηῶτας — τεθνηκότας
τέχε — ἔτεχε
τέχετο — ἐτέχετο
τεράεσσι — τέρασι
τέτμε — ἔτετμε
τέτυκτο — ἐτέτυκτο
τεύχεα — τεύχη
τηλεθόωσα — τηλεθῶσα
τήν — ταύτην
τῇσι — ταῖς
τίε — ἔτιε

τίη — τι
τοί — σοί
τοιήδε — τοιάδε
τοῖο — αὐτοῦ
τόσσον — τόσον
Τροίη — Τροία
Τρώεσσι — Τρωσί
τύνη — σύ
τύπτε — ἔτυπτε
τῷ — τούτῳ.

φέρτερος — ἀμείνων
φιλέεσκε — ἐφίλει
φιλέουσα — φιλοῦσα
φοβέοντο — ἐφοβοῦντο
φόβοις — φόβου
φορέοις — φοροῖς
φόως — φῶς
φρονέειν — φρονεῖν
φρονέοντα — φρονοῦντα
φῦ — ἔφυ
φυταλιῆς — φυταλιᾶς.

Υ

Ὕμμι — ὑμῖν
ὑψηλοῖσι — ὑψηλοῖς
ὑποκυσσαμένη — ὑποκυσαμένη.

Χ.

Χαλκείη — χαλκεία
χαλκήρεα — χαλκήρη
χρύσεος — χρυσοῦς
χώρης — χώρας.

Φ.

Φάν — ἔφασαν
φάτο — ἔφατο
φέρε — ἔφερε
φέρον — ἔφερον

Ω.

Ὦιξε — ἔῳξε.

www.ingramcontent.com/pod-product-compliance
Lightning Source LLC
LaVergne TN
LVHW051510090426
835512LV00010B/2445